JN418216

뉴 리바이벌

New Revival

당신이 하나님을 더 깊이 알아 가고 더 널리 알리는 사람이 되는 것, 이 책에 담긴 예수전도단의 마음입니다. 말씀을 통해 저자가 깨닫고, 원고를 통해 저희가 누릴 수 있었던 그 감동이 책을 통해 당신에게도 전해지기 원합니다. 그리고 당신을 통해 그 기쁨과 은혜가 더 많은 이들에게 계속해서 흘러가기를 기도하겠습니다. 이 책을 통해 당신이 받은 은혜를 다른 분들에게도 나눠주십시오. 사랑하고 축복합니다.

뉴 리바이벌

이창호 지음

추천사

최근 한국에 방문할 때마다 이창호 목사가 사역하는 넘치는교회를 수차례 방문했다. 그때마다 나는 예수님에 대해 열광하는 청년들의 열정을 보았고, 그들이 예배를 통해 놀랍게 변화되고 성장하는 모습을 발견했다. 그들과 함께하는 시간들이 너무나 행복했다. 시간을 제한하지 않고 하나님께 온전히 집중하는 강력한 열정이 있는 예배, 하나님의 말씀에 더 깊이 들어가는 예배를 드리는 넘치는교회를 주목하자. 그가 이야기하는 새로운 부흥의 목소리에 귀를 기울여 보자.

로렌 커닝햄(국제 YWAM 설립자, 열방대학 설립자)

— 어느 날 저녁, 홍대 거리를 둘러보았다. 수많은 젊은이들이 거리와 골목과 상가들을 가득 메우고 있었다. 그곳에는 젊은이들이 넘쳐나고 있었다. 왜 다음 세대들이 교회를 떠날까? 교회에서 사라지고 있는 청년들이 왜 대학로, 압구정동, 홍대의 거리로 모여들까? 그곳에는 먹거리, 볼거리, 즐길 거리가 많기 때문이다. 그리고 그들은 자신들의 누리는 쾌락의 끝자락에 파멸이 자

리 잡고 있다는 것을 생각조차 하지 않는다.

그는 젊은이들이 있는 현장에서 '하나님의 음성'에 귀를 기울이는 목회자로 살아 왔다. 자신의 사역 속에서 조망한 한국 교회 모습과 새로운 부흥의 길을 찾는 과정을 이 책 속에 담았다. 겁없이 아픈 곳을 건드리기도 했다. "제발 바로 살자. 욕 좀 그만 먹자. 예수님의 마음을 그만 아프게 하자. 진짜 예수쟁이가 되자"라며 절규한다. 저자와 같은 뜻이기에 기쁜 마음으로 이 책을 추천한다.

박종순 목사(충신교회 원로목사, 대한예수교장로회 통합 증경총회장)

— 이 책은 한국 교회의 내일을 묻는 질문이자, 진단이다. 우리는 교회의 위기 시대에 살고 있다. 한국 교회의 현실을 부인하기 힘들다. 그러나 부정적인 비판과 진단으로 끝나서는 안 된다.

저자는 그가 개척한 '넘치는교회'를 통해 예배 개혁의 원리를 실험해왔다. 또 청년들의 영혼을 사랑하는 가슴으로 제단을 적시는 목회자이자 선교학자이다. 영성과 학문을 겸비해 균형 잡힌 목회를 하고 있다.

자신의 "뉴 리바이벌"이라는 핵심 주제를 붙들고 기도하며 목회 현장에서 체험을 통해 얻은 10가지 핵심 가치를 대안으로 한국 교회 앞에 제시한다. 이 책을 통해 한국 교회에 청량한 새 물결이 일어나길 바란다.

이승종 목사(어깨동무 사역원 대표, 한인세계선교협의회 의장)

— 한국 교회의 미래를 걱정하는 사람들은 많지만, 실제로 다음 세대를 품고 그들을 만나 그들 속에 있는 새로운 가능성을 찾고 씨름하는 이는 소수이다. 하나님 나라에 대해서 논하고 토론하는 자들은 좀 있지만, 교회 사역 속에서 그 하나님 나라를 능력으로 드러내는 사역자는 희귀하다. 이창호 목사는 젊은 세대를 향한 꿈과 열정과 눈물이 있다. 그리고 그는 하나님 나라의 복음 위에 굳건히 서 있다. 이 시대를 살고 있는 다음 세대를 향해 하나님 나라를 선포하기 위해 씨름하고 있다. 그렇기에 그가 보고 있는 비전, 뉴 리바이벌은 우리 한국 교회 뿐 아니라, 빠른 속도로 진화하고 있는 현대 문명 속에 있는 모든 교회에 절실하다. 분석만 하고, 비평만 하다가는 한국 교회는 이대로 골든타임(Golden Time)을 놓칠지도 모른다. 이창호 목사의 예언자적 눈물과 호소가 이시대의 많은 사역자들을 하나님 앞에 무릎 꿇게 하기를 기도한다. 또한 이 시대의 다음 세대가 더 이상 현대 우상들에게 무릎 꿇지 않고 이미 임한 하나님 나라를 이끌고 계신 주

님께만 무릎 꿇어 삶의 현장에서 선교사, 즉 라이프스타일 미셔너리로 일어나게 되기를 간절히 기도한다. 사자와 같은 유다의 왕이신 예수께서 이끄시는 놀라운 부흥을 기대하면서…

김형국 목사(나들목교회, 하나복DNA네트워크 대표)

━ 위기의 시대는 그 위기를 뛰어넘을 지도자 한 명이 사무치게 그리울 때다. 청년 부흥의 야전 사령관으로서 수면 위로 오른 한국 교회 붕괴론을 누구보다 실감하는 저자는 암울한 현실을 부둥켜안고 예레미야의 눈물로 희망을 포효한다. 더 이상 전도가 안 되는 세대라고 넋 놓은 N포 세대 속에서 그는 성령께서 친히 일으키시는 부흥의 세대를 신나게 조련하고 있다. 서구교회에서도 아직 논의 중인 선교적 교회가 삶의 전방위에서 실현되는 전혀 새로운 부흥을 꿈꾸는 이 책을 한국 교회에 적극 추천한다.

이유정 목사(리버티대학교 예배학 객원교수, 듀오 좋은씨앗)

━ 찬란한 부흥의 시대를 지나 침몰의 위기 앞에 선 한국 교회를 향해 저자는 새로운 부흥을 외친다. 마치 조국 이스라엘의 멸망을 지켜보면서 온 몸을 다해 외쳤던 예레미야처럼, 저자는

눈물로 호소한다.

"시대를 분별하고 새로운 세대를 복음으로 일으켜 세우라!"

이를 위해 이 책은 시대를 해부하고, 새로운 부흥을 위한 원리를 소개한다.

가짜가 판치는 세상, 그럼으로 인해 죽어가는 한국 교회가 부흥되는 길은 오직 하나님의 주권적 은혜가 임할 때뿐이다. 그런 의미에서 '넘치는교회'는 이 시대의 젊은이들을 도전하고 길 잃은 리더들에게 깊은 도전을 준다. 매주 수 백 명의 청년들이 모여 전심으로 하나님을 높이고, 깊은 예배와 강력한 말씀을 통해 복음을 경험하며, 치유와 회복이 일어나고 비전이 꿈틀거리는 교회. 그로 인해 새로운 소망과 미래를 기대하게 만드는 교회. 그 속에서 그들은 다음 세대를 향한 소명을 받았다.

'라이프스타일 미셔너리'는 깊은 하나님과의 만남이 쌓여 발견된 새로운 비전이다. 모든 성도들이 선교사로서의 정체성을 가지고 선교적 삶을 살아가며 복음으로 세상을 놀라게 하는 꿈과 비전이 이 책에 담겨 있다.

절망이 바뀌어 소망으로 이어지는 이 아름다운 스토리에 독자 여러분을 초대한다.

이상훈 교수(풀러신학교 선교대학원 한국어학부)

프롤로그

우리가 사는 이 시대만큼 하나님의 마음을 아는 것이 필요한 시기는 없었다. 과거에도 교회의 역사가 여러 형태로 반복됨이 있었고 이를 통해 우리들은 많은 것을 배우기도 했다. 그러나 이 시대에 주님이 오실 날이 얼마 남지 않은 지금, 앞으로 이 땅의 모든 교회는 지금까지의 반복이 아닌 누구도 경험하지 않은 새로운 상황에 부딪힐 것이다. 과거에는 존재하지 않았던 일들이 매일 일어나고 아무도 상상하지 못했던 새로운 환경에 우리 모두는 직면할 것이다. 전문가들은 IT 기술이 비약적인 발전을 거듭하고 있고, 어느 순간이 되면 수직적인 발전을 이룰 것이라고 말한다. 최근 사람의 패배로 끝난 인공지능과 사람의 바둑 대결을 기억하는가. 인공지능 알파고의 등장으로 받았던 충격은 정말 아무 것도 아닐 정도의 엄청난 일들이 앞으로 준비되어 있을지도 모른다. 그렇기 때문에 하나님으로부터 부어지는 시대에 맞는 새로운 전략을 받을 수 있는 새 부대가 되는 것이 아주 중요한 시대가 되었다.

초대 교회가 가졌던 건강한 모습으로 우리가 돌아가기 위해 애써야 하지만 과연 그것만으로 과연 지금 이 시대는 충분할까?

나는 감히 그것만으로는 부족하다고 주장한다.

초대 교회 같은 건강한 교회로의 회복과 함께 아주 중요하게 우리 모두에게 다가오는 것은 바로 시대를 분별하는 것이다. 지금이 어떤 시대인지를 아는 것이 너무나 중요한 시즌이 도래했다는 것이다. 물론 건강한 교회의 모습에 시대를 분별함이 포함될 수 있겠지만 이렇게 따로 분리하여 이야기함은 그만큼 시대를 분별하는 것이 필요하고 중요하다는 생각 때문이다.

이 책은 학문적이고 교리적인 책이 아니다. 그렇기에 학문적인 논쟁과 교리적 다툼을 원하지 않는다. 한국 교회를 향한 어떤 멋진 많은 전략들을 제시하는 것도 아니다. 한 명의 목회자로서 하나님이 주신 마음을 따라 청년들을 위한 교회를 개척하고 그 목회의 현장에서 본 한국 교회의 현실을 보며 안타까움과 절망감에 어찌할 바를 모르며 지난 7년간 한국 교회를 끌어안고 흘린 수많은 눈물과 찢어지는 마음 가운데, 어느 날 하나님이 상상하지 못할 충격으로 주신 감동으로부터 시작된 글이다. 그 감동으로 인해 절망감은 희망으로 바뀌고 이제는 어둡지만 그 어두움 속에서 밝은 빛을 느끼며 달려가는 기쁜 마음을 이 어려운 시대에 눈물 흘리며 한국 교회를 위해 기도하는 동역자들과 함께 공유하길 원하는 간절한 마음 때문에 글을 쓰게 된 것이다.

그것은 바로 뉴 리바이벌(New Revival)이다. 어느 한 모임에서 예배를 드리고 있는데 갑자기 하나님의 마음이 내 마음에 전달되었다. 내용은 한국 땅에 큰 비의 소리가 있다는 것이었다. 삼년 반 동안 비가 내리지 않은 이스라엘 땅에 큰 비의 소리를 이야기 하신 것처럼 마치 우상으로 가득차고 하나님의 마음을 아프게 하는 것이 너무 많은 한국 땅에 큰 비의 소리가 있다는 감동을 받았다. 그동안 한국 교회의 다음 세대를 끌어안고 목 놓아 울며 아무 희망을 갖지 못했기에 그 당시 충격은 너무나 강했다.

여러분이 책에 적어 놓은 말에 다 동의하지 않아도 된다. 다 동의하길 기대하지도 않는다. 그러나 단 한 가지 원한다면 한국 교회를 향한 하나님의 마음을 함께 나누길 원하는 것이며 단 한 명이라도 동의하고 함께 한다면 그것으로 감사할 뿐이다.

> "주 여호와께서는 자기의 비밀을 그 종 선지자들에게 보이지 아니하시고는 결코 행하심이 없으시리라" (암 3:7)

차례

3부
라이프스타일
미셔너리

4부
희망의
소리

1부

한국교회의 슬픈 자화상

New Revival

PART 1

안타까운 우리들의 이야기

고등부 연합수련회의 충격

━ 몇 해 전. 지방에서 열린 한 교회 고등부 여름 수련회에 강사로 참석한 적이 있다. 그런데 그 교회 고등부 담당 전도사님으로부터 깜짝 놀랄만한 이야기를 들었다.

"목사님, 아이들이 많이 참석하지 못해 죄송합니다. 수련회에 참석한 아이들이 겨우 50명 정도입니다."

"아니요. 괜찮아요. 숫자의 많고 적음은 전혀 문제가 되지 않아요."

"그 중에 15명이 교사입니다."

충격적인 이야기는 그 다음부터였다. 교사까지 포함해 50명이 참석한 교회가 사실은 성인들만 3-4천명이 출석하는 큰 교회라는 것이었다. 다음 세대가 사라지고 있다는 한국 교회의 현실을 말이나 뉴스가 아닌 현실에서 접한 첫 번째 경험이었다.

교회 수련회에 평소 출석 인원의 50%가 참석한다고 가정해보자. 그렇다면 그날 나를 강사로 초대한 그 고등부의 전체 출석 인원은 대략 70여 명으로 짐작할 수 있다. 출석하는 성인은 3-4천 명이지만, 정작 고등부는 100명이 채 되지 않는다는 것이 내게는 너무나 큰 충격이었다. 그런데 진짜 충격은 그 다음부터였다.

속으로만 놀라고 있는 내게 그 전도사님은 2천 명이 함께 예배드릴 수 있는 규모의 성전을 건축하고 있다는 더 충격적인 이야기를 들려주었다. 나는 그 말을 듣고 갑자기 머리가 멍해졌다. 그리고 전도사님에게 이렇게 이야기했다.

"전도사님, 정말 기도를 많이 하셔야 되겠네요. 지금이야 큰 성전이 필요하지만 채 100명도 안되는 고등부 아이들이 성인이 되었을때 자신들의 힘으로 그 성전을 유지할 수가 있을까요?"

내 말에 그 전도사님은 무거운 표정으로 고개를 끄덕였다. 나 역시 무거운 마음이 들었다. 한국 교회의 다음 세대가 사라지고 있는 현실을 눈 앞에서 확인했기 때문이었다.

그리고 2년 후, 나는 그 고등부 수련회에 강사로 다시한번 섬기게 됐다. 그때도 역시 2년 전과 비슷한 숫자의 학생들이 참석했다. 다른 점이 있다면 새롭게 건축중이던 성전이 완공되고 이제 입당을 앞두고 있었다는 점이었다. 나는 수련회에 참석한 고등부의 한 남학생에게 물어봤다.

"친구야, 만약 너희들의 엄마, 아빠 세대들이 모두 천국가고 난 후에 너와 친구들의 힘으로 새로 지은 큰 성전을 유지할 수 있을 것 같니?"

나의 갑작스러운 질문에 그 학생은 당황하며 다음과 같이 이야기 했다. "안 될 것 같은데요." 물론 나도 같은 생각이었다. 그 친구와 지금의 고등부의 힘 만으로는 아마도 새롭게 지은 큰 성전의 한 달 전기료도 내지 못할 것이다. 하나님께서 기적적인 부흥을 그 교회에 허락하지 않는 한 불을 보듯 뻔한 일 일 것이다.

나는 중고등 학생과 청년들이 참석하는 수련회에 강사로 자주 참석한다. 한 지역뿐만 아니라 전국에 여러 지역을 다닌다. 그런데 어느 교회, 어느 집회를 가든 대부분 암울한 상황이다. 특별한 몇 몇 교회를 빼놓고는 대부분의 교회가 성인 성도 수에 비해 중고등부와 청년부의 숫자가 터무니 없이 적다. 이것이 대다수 한국 교회의 아픈 현실이다. 어떤 사람들은 한국의 출산율 저하를 원인으로 꼽기도 한다. 그러나 낮은 출산율의 탓으로 돌리기에 한국 교회의 현실은 너무나 비정상적이다.

이 시대의 청년들을 위해서 교회를 개척하라는 하나님의 마음으로 교회를 개척한 나로서는 마음의 부담이 되기 시작했고, 내 마음에 감당할 수 없는 큰 짐이 되어 버렸다. 그래서 기도할 때도, 밥을 먹을 때도, 길을 걷다가도 내 생각은 어떻게 하면 비정상적인 현실에서 벗어날 수 있을 것인가에 골몰하게 되었다.

수면위로 올라온 말 "한국 교회 붕괴"

━ 몇 해 전 연합뉴스는 "한국 개신교, 교회의 존재 자체가 위협받는 상황"이란 제목으로 한국 교회의 상황을 다뤘다. 기사의 내용은 다음과 같았다.

> "한국 개신교의 빠른 성장기가 1885년에서 1980년대 초까지 100년간이었다면 근래 들어 교회가 무너지는 속도는 상상을 초월할 만큼 빠르게 진행되고 있다."

또 1980년대 초, 국민 3명 중 한 명 꼴인 1천 300만 명 가량이었던 개신교인의 수가 1980년대 후반부터 정체기로 접어든 뒤 감소 추세가 장기화, 고착화됐다고 설명했다.[1] 이어진 내용에서는 한국 그리스도인이 30년 만에 절반으로 줄어드는 현상을 보이고 있고, 이것은 교회의 존립에 대한 염려를 할 정도로 심각한 상황이라고 말하고 있었다. 대략 십여 년 전만하더라도 목회자들 사이에서 한국 교회의 어려운 상황을 드러내놓고 이야기하는 경우는 그리 많지 않았다. 비관적인 전망보다는 희망을 이야

---

1) "한국 개신교, 교회의 존재 자체가 위협받는 상황", 〈연합뉴스〉 2014년 9월 12일.

기했다. 예를 들면 이런 식의 대화였다.

"목사님이 사역하는 교회는 어떤가요?"

"폭발적인 부흥은 없지만 그래도 할 만합니다."

"우리 교회는 요즘 교회 근처에 새로 입주한 아파트 단지에서 출석하는 성도들이 많이 늘어서 큰 기대를 가지고 있습니다."

"아이고, 목사님 좋으시겠네요! 하하하."

"앞으로는 어려운 교회가 많이 생긴다는데, 괜찮을까요?"

"목사님, 걱정하지 마세요. 한국 교회에는 순교의 피가 흐르고 있습니다. 비록 어려움이 있더라도 거뜬히 딛고 일어설 겁니다."

"그렇죠! 저두 기대가 됩니다. 하하하."

불과 십여 년 전만해도 이런 대화가 자연스럽게 오고 갔다. 그러나 이제는 상황이 변했다. 달라도 너무나 달라졌다. 물론 십 여 년 전에도 통계상으로 어려움이 있을지라도 대부분의 목회자들과 교회들은 부흥에 대한 희망을 가지고 한번 멋지게 해보자는 분위기였다. 그러나 이제 모든 한국 교회에는 불과 몇 년 전만 해도 입에 담을 수 없는 말들이 이야기되고 또한 그런 부정적 생각들로 가득 차 있는 것 같다.

우연히 『가나안 성도, 교회 밖 신앙』이라는 재미있는 제목의 책을 읽던 중 충격적인 단어를 접했다. 바로 '한국 교회 붕괴'라는 말이었다. 그 단어가 주는 의미는 특별했다. 왜냐하면 몇몇 목회자들이 모인 모임에서 나온 이야기가 아니라 한 권의 책으로 활자화되어 나온 공식적인 표현이기 때문이다. 그 단어를 통해 나는 한국 교회의 현주소를 분명하게 볼 수 있었다.

한국 교회의 목회자와 성도 중에서 이런 끔찍한 단어를 과연 누가 쓰고 싶을까? 설령 교회의 위기가 현실로 다가온다 할지라도 믿음을 가지고 돌파하는 태도가 한국 교회가 지녀온 본래 모습이었지만 불과 몇 년 사이 모든 것이 바뀌어 버렸다. 목회자는 물론이거니와 평신도들도 차마 입에 담기도 싫은 '한국 교회 붕괴'라는 사실에 동의하고 있는 듯하다. 나 역시 이제는 한국 크리스천들의 입과 생각 속에서 당연시 되는 '한국 교회 붕괴'라는 말이 너무나 무섭고, 두렵다. 아니 가슴이 미어지도록 아프다. 십자가에서 피 흘리신 주님을 생각하면 가슴이 먹먹할 정도로 마음이 아프고 눈물이 난다. 청년들만 모이는 아주 작은 교회의 목회자로서 아무리 기도해도 길은 보이지 않고 답답하여 통곡하며 울기만 한다.

한국 교회가 이런 상황에 처한 원인을 살펴보면 여러 가지 이유가 있을 것이다. 개신교 내의 온라인 매체와 신문 등을 비롯해 주요 일간지와 한국 갤럽과 같은 여론조사 기관 등이 내놓은 결과를 살펴보면 한국 교회를 위기로 이끈 여러 원인들을 찾을 수 있다. 어떤 사람들은 이런 지적들을 억울하다고 말하기도 한다. 나는 세상의 매서운 비판과 지적을 전적으로 부인하기 어렵다고 생각한다.

그러나 분명한 것은 문제가 무엇이건 간에 한국 교회는 지금 아주 빠른 속도로 무너지고 있다는 것이다. 십 수 년 전, 막연했지만 그래도 '잘 될 거야'라고 품었던 희망의 말을 이제는 그 누구도 쉽게 할 수 없는 상황이 되어버렸다. 그리고 더 큰 문제는 우리가 지금껏 겪은 변화의 속도가 앞으로는 상상할 수 없을 정도의 빠른 속도로 진행될 것이라는 점이다. 그것도 부정적인 방향으로 말이다. 그래서 내 입에서는 늘 이런 탄식이 흘러나오고 있다. "오, 주님! 하나님 우리 한국 교회 이대로 쓰러지는 것인가요? 우리가 어떻게 해야 합니까?"

전 국민이 안티 기독교?

━ 하루는 교회에서 한 청년과 짧지만 의미심장한 대화를 나눈 적이 있다. 그 청년의 이야기에 따르면 친구들과 이야기를 나누다가 자신이 그리스도인이라고 밝히면 모두들 비슷한 눈빛으

로 쳐다본다는 것이었다. 물론 그 눈빛의 대부분은 여러 가지 부정적인 의미를 담은 것이었다. 나는 그의 말을 들으면서 요즘 젊은 청년 세대들이 세상에서 그리스도인으로 살아가는 것이 얼마나 어려운 것인가를 깊이 느꼈다. 물론 나도 믿지 않는 이들을 만나서 교회에 관한 이야기를 나누다 보면 평상시와는 다른 느낌을 받곤 한다. 내가 목사라는 것을 밝히는 순간 그들이 느끼는 약간의 묘한 감정을 느끼는 것이다. 하나님이 내게 주신 주의 종으로서의 소명에 문제가 있어서가 아니다. 세상 사람들이 지금 한국 교회를 부정적으로 바라보고 있음에 대한 느낌을 받기 때문이었다.

이 땅에 복음이 전파되어 들어온 이래로 교회와 그리스도인들은 이 사회를 위해 너무나 많은 일을 했고, 사회에 미치는 영향력은 대단했다. 설령 믿음이 없더라도 교회를 바라보면서 뭔가를 기대하는 마음이 있었고, 자신들과는 다른 일종의 거룩함(?)을 느꼈다. 그러나 이제 교회를 향한 기대는 사라졌다. 교회가 세상을 걱정하는 것이 아니라 세상이 교회를 걱정하는 상황이 돼버렸다.

한국 갤럽이 2014년 발간한 〈한국인의 종교〉에 따르면 개종 경험이 있는 사람들에게 개종 전의 종교를 물었을 때 개신교가 52%, 불교 33%, 가톨릭 10%의 순으로 응답했다. 개신교에서 타종교로 개종한 사람이 가장 많다는 결과를 어떻게 이해해야 할까? 나는 이 결과가 현재 개신교에 대한 한국인의 정서와 한국 교회의 처한 상황을 가장 잘 보여주는 결과라고 생각한다.

어쩌다 한국 교회가 이렇게까지 추락했을까? 그것에는 여러 이유가 있을 것이고, 나는 목회자의 입장에서 깊은 고민을 해보았다.

우선 가장 기본적인 이유는 영적 전쟁이다. 이 세상을 지배하고 있는 악한 영은 당연히 하나님의 교회를 공격한다. 도적질하고, 죽이고, 멸망시키는 것이 그들이 이 땅에서 할 일이기에 교회가 부흥하고 구원받는 자들이 더해가는 것을 막기 위해 방법을 가리지 않는다(요한복음 10:10). 시대는 바뀌지만 그들은 예전과 변함없이 행하고 있다. 사회를 혼란시키고, 악하게 만들고, 생명을 잃게 만드는 일은 이 땅에 주님이 다시 오실 때까지 끊임없이 이어질 것이다. 그러나 모든 이유를 영적 전쟁 차원으로만 돌리기에는 부족함이 있다. 우리는 시대에 맞는 전략이 필요하다. 그리고 무엇보다 하나님의 자녀로서의 거룩함을 지켜야 한다. 조금 더 정확하게 말해 구별됨이 필요한 것이다.

하나님 나라를 미리 들여다 볼 수 있는 것이 이 땅의 교회다. 그런데 교회가 너무나 더러워졌다. 창문이 더러워졌다면 우리는 그 창문을 통해 내부를 온전하고 깨끗한 모습을 볼 수 없다. 우리의 현실이 그렇다. 믿지 않는 사람들은 더러워진 창문을 통해 교회를 보고 경험하고 있다. 더러워진 창문으로는 하나님을 느낄 수도 없고, 올바르게 볼 수도 없다. 물론 그리스도인도 보통의 사람이다. 인간이기에 죄에 걸려 넘어질 수밖에 없다. 하지만 그럼에도 불구하고 세상의 빛과 소금으로 살아야할 책임이 우리 그리스도인들에게 있다. 우리가 전도를 하다보면 불신자의 입에서 교회의 잘못이나 그리스도인들이 저지른 부도덕함을 듣는 경우를 경험한다. 나도 그런 상황을 겪을 때마다 그들에게 미안하다고 말한다. 하나님의 뜻 가운데 부름 받은 그리스도인의 사명을 다하지 못한 것에 대한 아픔과 우리의 잘못된 행동으로 말미암아 하나님에 대한 그릇된 시선을 가지도록 만든 것에 대한 미안함 때문이다.

그런데 불신자들의 시선보다 더 큰 문제가 있다. 사탄의 교묘한 전략이라고 할 수 있는 인터넷의 영향이다. 우리가 살고 있는 한국은 전 세계에서 인터넷 속도가 가장 빠른 나라 중 하나다. 얼마 전 미국의 기업들이 길거리, 공원은 물론이고 심지어 깊은 지하에서도 빵빵 터지는 한국의 인터넷 속도를 칭찬하며 한국을 배우자는 내용이 뉴스에 실릴 정도다. 인터넷의 확장은 우리의 삶에 어마어마한 변화를 가져왔다. 예전에는 새로운 지식이나 정보를 얻기 위해서는 전문가를 찾아가거나 도서관에서 책을 통해 연구하고 습득해야 했다. 그러나 지금은 포털 사이트에서 키워드 하나만 입력해도 내가 알고자 했던 것 이상의 수많은 정보들이 순식간에 검색된다. 과거에는 많은 노력이 필요했다면 이제는 마음만 있다면 해외 유명 목회자들의 설교도 지하철을 타고 이동하면서 실시간으로 들을 수 있는 것이 지금 우리가 살고 있는 세상이다.

그러나 사탄은 이 인터넷을 통해 우리를 공격하고 있다. 심지어 수많은 사람들에게 교회에 대한 좋지 못한 시선을 주는 통로가 되고 있다. 마치 한국의 전 국민을 안티 기독교인으로 만들어 버린 것 같다. 결과적으로 인터넷을 활발하게 사용하는 한 한국 국민의 대부분은 안티 기독교인이 되거나 그 영향력 아래 있다는 것이다. 특히 활발한 비판 의식을 가진 젊은 세대의 경우 지금 신앙을 가진 사람을 제외하면 거의 대부분 교회에 대해 좋지 못한 인식을 가지고 있다.

신문이나 방송, 그리고 온라인 매체 등 각종 미디어들도 한국 교회 내에서 일어난 여러 가지 문제들을 계속 기사화 시키고 있다. 때론 더 확대해 기사화되기도 한다. 덕분에 이제는 교회가 아무리 선한 일을 하더라도 무조건 부정적으로 생각하거나 오해를 덧붙인다. 예를 들어 대사회봉사활동이나 사회복지 시설의 대부분이 교회나 기독교 정신을 배경을 가진 단체에서 운영하고 있고, 한국 사회 내에서 선한 영향을 주고 있지만 불신자들은 냉소적인 시선을 가지고 있다. 그것 역시 돈을 벌기 위한 것이라고 오해하는 것이다.

내가 섬기고 있는 '넘치는교회'는 성도들의 대부분이 청년들이다. 그러다보니 새로 오는 새가족들 대부분이 청년층이고, 안티 기독교인들이다. 그들이 가진 교회에 대한 생각을 들어보면 마음이 무척 아프다. 그들의 표현을 빌자면 '목사들의 90%는 사기꾼'이란다. 그것도 점수를 아주 후하게 줘서 말이다.

제2차 세계대전 중 독일은 약 600만 명의 유대인들을 학살했다. 그들을 효과적으로 관리하기 위해 유대인들만 따로 모은 '게토'라는 지역이 있었다. 그곳에서 유대인들은 일반 세상과는 단절된 채 자신들만의 생활을 해야 했다. 한국 교회가 마치 '게토'가 되어 버린 것 같다. 세상과의 소통은 이뤄지지 않은데 세상이 교회를 향해 보내는 눈초리는 강렬하다 못해 너무나도 냉소적이다. 대 사회적인 영향력은 힘을 잃은 지 오래다. 보통 국가적, 사회적인 굵직한 이슈가 있을 때마다 개신교, 가톨릭, 불교 등의 주요 종교 지도자들은 각자의 목소리를 내곤 한다. 그런데 이제는 개신교 목회자들이 내는 메시지보다 불교와 가톨릭 지도자들이 말하는 목소리가 더 많아졌다. 교회의 분열과 목회자가 저지른 실수 때문에 개신교에 대한 신뢰가 현저히 낮아졌기 때문이다.

이것이 지금 우리가 살고 있는 한국의 현실이며, 더 나아진다는 보장을 기대하기는 어렵다. 아마도 이런 상황은 앞으로도 더 나빠질 것이라고 생각한다.

너 죽고, 나 죽자

━ 가끔 이제 갓 예수님을 믿은 사람이나 불신자와 대화하다 보면 그들이 꼭 하는 질문이 하나있다. "왜 교회에는 교파들이 그렇게 많아요?"라든가 "왜 한 건물에 교회가 두, 세 개씩 모여 있어요?"라는 질문이다. 그런 질문을 하는 것은 당연하다. 왜냐하면 불교와 가톨릭에서는 절대 볼 수 없는 모습이기 때문이다. 나는 그런 질문을 받을 때마다 그들에게 성심껏 대답 해준다. 사람마다 기질과 성격이 다르듯 교회도 교회 마다의 특색이 있고, 또 각 교회에 주신 소명이 다르며 우리 인간에게 다양한 모습들이 있듯 교회도 그런 것이라고 말이다.

물론 그렇게 대답하는 나도 조금의 불편함은 있다. 그것은 교회가 필요 이상으로 분열된 모습을 보이기 때문이다. 매년 가을, 신문 지상을 통해 각 교단 총회에서 일어나는 일들을 보면 낯 뜨거울 때가 많다. '하나님을 믿는다는 사람들이 어떻게 저런 행동을 할까?'라는 물음이 생길 정도로 도저히 믿기지 않는 일들이 일어나곤 한다.

요즘 이슈가 되고 있는 일명 '복음주의'와 '은사주의'의 갈등 양상도 마찬가지다. 2천년 교회의 역사에서 하나님은 늘 대립과 갈등도 발전의 토대로 사용하셨다. 그 가운데 진리를 수호하고 교회를 올바른 길로 인도하는 도구로 활용하셨다. 그렇기에 모든 갈등을 부정적으로 바라볼 필요는 없다. 갈등이 생길지라도 하나님은 그것을 통해 원하는 방향으로 교회를 인도해 가시기 때문이다. 그러나 이와 같은 하나님의 신실하심을 인정하면서도 마음 한 구석에는 아픔이 있다. 사람들은 자신이 경험하지 않은 것들은 인정하지 않으려는 경향이 있다. 그러나 우리가 믿음을 가졌다면 우리의 유일한 기준인 말씀을 가지고 모든 것을 정리해야 한다. 옳고 그름에 대한 모든 기준이 성경에서 나와야 하는 것이다. 그럼에도 우리는 실수한다. 우리의 경험과 신학과 전통을 성경보다 높은 곳에 두고 그것으로 판단하고 정죄한다. 참으로 마음이 아프고 답답하다.

우리 모두에게 지금 필요한 것은 진정한 겸손함이다. 인간은 연약하고 우리가 경험한 것들은 제한적일 수밖에 없다. 그러나 하나님은 너무나 광대하시고, 그분의 역사 또한 우리의 울타리에만 머물러 있지 않다. 그래서 우리에게는 성경을 기준으로 하며 그 기준 아래에서는 하나님의 역사에 열려 있어야 한다. 그러나 그렇지 못한 교회의 모습들로 인해 믿지 않는 자들에게는 교회가 매일 싸움하는 집단으로 비춰진다. 수호파와 반대파의 대립 속에서 교회를 폐쇄하고 재판을 하고 데모를 하고 옷을 찢고 밀고 밀치고 싸우는 교회의 모습이 고스란히 세상에 비춰지고 있다. 설령 믿음이 있는 그리스도인이라도 그런 상황 속에서 절망할 수 밖에 없다.

야! 거기 눈 떠!

━ '넘치는교회'를 개척하기 전의 일이다. 누구나 이름만 들으면 알만한 대형 교회를 찾아가 예배를 드린 적이 있다. 그 교회의 목사님은 핀 마이크를 얼굴에 붙이고 강대상을 오가면서 아주 세련되게 말씀을 전했다. 나는 500명의 회중들 틈에서 숨 죽여가며 설교를 듣고 있었다. 그런데 설교를 하던 목사님이 갑자기 회중들을 가리키며 외쳤다.

"야! 너, 거기! 눈 떠! 졸지 마. 눈 뜨란 말이야!"

"왜 뒤돌아보니, 너 말이야. 너! 그래 너!"

그 목사님은 상당히 긴 시간동안 그렇게 회중들을 향해 소리를 질렀다. 그 순간 내 머리를 스쳐가는 생각이 있었다. 이것이 바로 한국 교회 예배의 현실이라고 말이다.

한국 교회의 예배 시간은 날이 갈수록 점점 짧아지고 있다. 이렇게 점점 짧아지는 예배를 보면서 이런 물음이 들었다. '영화 한 편을 보는 시간도 최소한 2시간이 넘는데, 과연 예수님이 우리의 구세주가 맞나?', '한국 교회 성도들은 예배드리기가 너무나 힘든 것인가?', '우리의 예배는 왜 이렇게 되었을까?', '과연 주일에 기대하는 마음으로 주일 예배에 참석하는 성도는 얼마나 될까?', '그냥 출근부에 도장 찍듯이 마지못해 오고 있는 것은 아닌가?', '예배가 은혜롭고 너무나 중요하다면 왜 자꾸 시간이 줄어드는 것일까?'라는 물음이 꼬리에 꼬리를 문다. 요즘처럼 예배드리기 어려운 시절이 오기 전 사탄은 이미 성도들이 예배를 드리기 싫은 마음을 가지도록 미리 손을 쓴 것인지도 모르겠다.

또 다른 유명 교회의 청년 예배를 참석했다. 그 교회는 매우 빠른 속도로 부흥하고 있는 대형 교회였다. 유명세에 걸맞게 목사님의 설교는 너무나 은혜로웠다. 목사님은 설교가 끝나고 회중들에게 함께 일어나 찬양하자고 하셨다. 그 찬양이 끝난 후 회중들은 말씀을 붙들고 기도를 시작했다. 겨우 1-2분 쯤 지났을까? 갑자기 목사님의 축도가 들려왔다. 이 예배를 마친 후 다음 예배가 준비되어 있기에 깊은 기도를 할 더 이상의 시간이 없었던 것이다. 예배가 끝나고 반 강제적(?)으로 성전에서 나오면서 진한 아쉬움을 느꼈다. 그때 마음속에서 한 가지 의문이 떠올랐다. '안 그래도 바쁜 삶을 살고 있는 청년들이 이렇게 겨우 1분 기도를 하고 세상으로 돌아간다면 과연 그들은 세상에서 승리할 수 있을까?' 마음이 답답했다. 너무 불편했다. 우리의 편의에 맞춰 이상하게 변해가는 한국 교회 예배의 현실이 마음을 짓눌렀다. 은퇴해 시간이 상대적으로 자유로운 노년의 성도들이야 새벽예배부터 수요예배, 금요예배를 골라 참석할 수 있지만 어디 요즘 청년들에게 그런 여유가 있을 리가 없다. 아주 어려서부터 학습된 피 말리는 경쟁 속에서 살아남기 위해 발버둥 쳐야 하는 것이 요즘의 청년들의 삶이다. 그것뿐인가? 게임 강국, 인터넷 강국이라는 명성에 맞게 매일, 매 시간을 스마트폰과 인터넷의 중독에서 살아간다. 마치 괴물과 같은 스마트폰으로부터 그들의 생각과 마음은 끊임없는 공격을 받고 산다. 그런데 일주일에 딱 한 번 나오는 주일 예배, 그것도 1시간 동안 졸기만 하고 입도 한번 열지 않고 돌아간다고 생각하니 안타까움이 더 커졌다.

내가 섬기고 있는 '넘치는교회'의 예배는 특징이 있다. 예배 시간에 구애받지 않는다. 한 기독교대학의 총장이었던 목사님이 우리 교회 예배를 함께 드린 적이 있다. 그 분은 예배를 드린 후

"한국 교회는 왜 1960-1970년대 드렸던 예배 형식을 청년들에게 강요하는지 모르겠다."고 말씀하셨다. 청년들에게 맞는 찬양과 문화가 있는데 한국 교회는 여전히 과거의 전통만을 강조해 청년들에게 맞는 예배를 만들어주지 않는다는 의미였다. 그 목사님의 말씀처럼 한국 교회는 예배의 형식에 대한 고민을 더 깊이 해야 한다.

빈익빈 부익부

— 성도들을 표현하는 말 중에 '음지 교인'이라는 말이 있다. '음지 교인'이란, 말 그대로 눈에 띄지 않는 곳에 있는 성도들을 말한다. 이 '음지 교인'들은 각자 나름대로의 여러 가지의 이유 때문에 교회에 출석하지만 교제와 봉사도 없이 아무도 모르게 조용한 신앙생활을 추구한다. 일단 큰 교회에 출석하면 관심을 받을 일이 없다. 봉사와 헌신도 내가 하고 싶을 때 하면 된다. 그리고 예배에 참석하고 설교를 듣고 헌금도 한다. 그러나 단지 거기까지다. 한국 교회가 가지고 있는 고속 성장의 아픈 일면이다. 교회론에 대한 정확한 이해 없이 그저 교회의 성장만 지향하는 동안 많은 성도들이 이런 기형적인 신앙인이 되어버렸다.

여기에 더 안 좋은 모습으로 다가온 것이 바로 대형 교회들의 지성전 건립이다. 〈시사저널〉은 '신도시 - 교회들의 전쟁'이란 제목의 기사에서 한국 교회의 이런 모습을 다뤘다.

> 마치 대형 마트가 동네의 소규모 슈퍼마켓을 고사시키는 것처럼 교회 안에도 똑같은 일이 벌어진다는 것이다. 대형 교회는 여러 가지 면에서 이제 막 시작한 개척 교회와 소형 교회보다는 강력한 힘이 있다. 중앙의 교회에서 송출하는 예배 프로그램을 통해서 지성전이 운영되고 교회의 재정과 인사와 행정의 모든 것이 중앙에 컨트롤을 받는다. 마치 대기업의 프랜차이즈 전략과 비슷하며 이런 자신의 브랜드를 가지고 신자수를 확대해 왔다고 그들은 평가했다.[2)]

이 기사에서 말한 것처럼 이런 전략이 하나님이 원하는 것인지, 아닌지는 잘 모르겠다. 그러나 옳고 그름을 떠나 '부익부 빈익빈'이라는 말처럼 대형 교회로의 쏠림 현상은 계속 일어나고 있고 개척교회는 지금도 계속해서 문을 닫고 있다. 이런 대형 교회의 목회 전략에 일명 '음지교인'들은 반응했고, 결국 바람직하지 못한 한국 교회의 모습을 만들어 냈다.

---

2) "신도시 - 교회들의 전쟁", 〈시사저널〉 2009년 1월 6일.

최근 어느 대형교회에서 있었던 일이다. 새로 부임한 목사님 덕분에 단 기간 동안 많은 성도가 등록했고 그 교회 장로들은 즐거워하며 춤을 췄다고 한다. 새로 등록한 수천 명의 성도들 가운데 진짜 초신자는 과연 몇 명이나 될까? 아마 그들 중 대부분은 주변의 작은 교회에서 옮겼거나 새로 부임한 목사의 이름 때문에 옮긴 이른바 수평 이동을 한 성도들일 것이다.

이렇게 수평이동으로 모인 수많은 성도들을 가지고 부흥했다고 말하거나 기뻐하고 하나님께 영광을 돌릴 수 있을까? 세상은 우리의 이런 모습들을 보고 교회가 참 진리를 추구하기 보다는 그저 교세를 키우는 것에만 관심이 있다고 꼬집어 이야기하고 있다.

암울한 한국 교회의 미래

ㅡ 1885년 4월 5일, 부활절 아침에 언더우드, 아펜젤러 선교사가 인천항에 첫발을 디딘 이후 지난 130여 년 동안 한국 선교는 실로 전 세계에서 유래를 찾아보기 힘들 정도로 급속도로 큰 열매를 맺어왔다.

그러나 지금 한국 교회는 성장은 커녕 감소를 걱정하고 있다.

불과 20여 년 전부터 시작된 한국 교회의 교인 감소는 이제 한국 교회의 앞날을 한치 앞도 바라볼 수 없는 상황이라고 말해도 과언이 아닐 정도로 급격한 감소세를 보이고 있다.

또한 교회 내적으로도 베이비 붐 세대의 은퇴와 청소년과 청년 세대의 감소로 인해 한국 교회의 미래는 매우 암울하다. 전체 인구 중 25%까지 올라갔던 개신교인의 비율이 계속해서 하락하고 있는 현실에서 교회의 미래라고 할 수 있는 다음 세대의 확연한 감소는 한국 교회의 미래를 한치 앞도 볼 수 없는 상태로 만들어 버렸다. 또한 한국 교회에 대한 부정적 시각의 증가로 이제는 미래에 대한 어떠한 희망도 찾기가 어려워졌다.

세계 기독교 역사에서 유래를 찾아볼 수 없는 부흥을 거뒀던 1980년대를 지나 30여 년 동안 정체기를 거쳤고, 이제 10여년 동안 급속한 감소기에 접어 들었다. 교회를 향한 부정적인 평가가 흘러나온 것도 이 시기다. 목회자의 성 윤리 문제, 교회 세습, 타종교와의 갈등 등 타락한 중세 시대에나 있었던 문제들이 한국 교회를 위기에 빠트리고 있다.

2005년 조사된 '인구주택총조사'의 결과를 분석해 보면 기독교인 수는 대략 870만 명(18.8%)로 150-250만 명의 이단을 제외하면 기독교인의 수는 620-750만 명에 불과하다. 그러나 이 숫자마저도 한국 사회의 인구 구조 변화와 지속되는 교회 이미

지의 실추를 감안할 때 한 세대(30-40년)가 지나면 최악의 경우 반 토막날 가능성이 크다고 한다.[3)]

불과 몇 년 전만해도 한국 교회가 어렵다는 말을 목회자들이 만나면 사석에서 조금씩 이야기 하는 정도였다. 그러나 이제는 교회학교가 사라지는 교회가 늘어나고 있고, 목회자들은 떠나가는 성도들을 붙잡기 위해 갖은 애를 쓰고 있는 것이 작금의 한국 교회 상황이다.

이런 상황과 함께 계속해서 언론에 경쟁하듯이 공개되는 교회에 대한 아픈 이야기들은 불신자들의 교회로의 유입을 계속해서 막고 있다. 특히 비판 의식이 강한 청년 세대들을 안티 기독교인으로 만드는데 일조하고 있고 이 점이 한국 교회의 미래를 더 어둡게 하고 있다. 이대로라면 텅빈 유럽의 교회처럼 한국 교회도 빈 건물만 남을지도 모른다는 비관적인 시선을 가진 사람들도 있다.

한국 교회의 미래인 청년 선교 상황은 어떤가? 결론부터 이야기하자면 청년세대를 향한 선교는 아주 어려운 상황 속에 있다. 교회마다 청년세대들은 사라져 가고, 대부분의 교회에는 역전의

---

3) 최윤식, 최현식 지음 『2020 2040 한국교회 미래지도2』 생명의말씀사(2015).

용사들만 남아서 자리를 지키기 시작했다. 단순하게 청년들만 없는 것이 아니다. 2-3년 후면 청년세대가 될 청소년세대들은 더 열악한 상황 속에 있다. 굳이 미래를 예측하는 특별한 능력이 없더라도 한국 교회의 미래가 지금보다 더 암담하리라 예측할 수 있다. 마치 과거의 유럽 교회들이 겪었던 변화를 보는 것 같은 느낌을 한국 교회를 통해 받는다.

우리를 더 슬프게 하는 것은 이런 위기에도 뚜렷한 대안이 없이 시간만 흘러가고 있다는 것이다. 혹자는 대학생들의 주일 평균 출석은 5%, 중고생은 2-3%, 초등생은 1% 정도 된다고 말하지만 이 통계 역시 빠르게 변화하고 있기에 통계를 가지고 이야기 하는 것조차 의미가 없어져 버렸다. 아무튼 지금 한국 교회의 상황을 '대책 없는 교회의 미래, 청년세대 붕괴'라고 표현한들 누가 정확한 표현이 아니라고 말할 수 있을까?

이런 시대를 극복할 해답은 있을까? 한국 교회를 다시 살릴 수 있는 길은 무엇일까? 지난 세월, 한국 교회를 부둥켜안고 통곡하며 소리 내어 울었던 시간들이 주마등처럼 스쳐 지나간다.

PART 2

가짜가 가득한 한국 교회

요즘 내 마음에 와 닿은 단어가 하나 있다. 그것은 '가짜'라는 단어다. 가짜가 뭔가? 모두가 아는대로 가짜의 사전적 의미는 거짓을 참인 것처럼 꾸민 것이다. 교회에 대해 곰곰이 생각해 본다. 요즘 교회에는 가짜가 너무 많다. '거짓'을 '참'인 것처럼 꾸민 것인지, 아니면 '참'이 힘을 잃어 '거짓'처럼 된 것인지 모르겠지만 분명한 것은 가짜가 너무 많다.

가짜 믿음

— 모태신앙인 A씨는 요즘 교회에서 보내는 시간이 무척 지루하기만 하다. 설교 시간이면 쏟아지는 잠을 도저히 참을 수가 없다. 찬양 인도자의 인도 방식도 마음에 들지 않는다. 심지어 자기에게 인사를 건네는 새가족팀의 미소도 가식적으로 느껴진다. 지난 몇 십 년 동안 꾸준하게 가져왔던 믿음에 회의가 찾아온 것이다.

작은 교회에 출석중인 B씨. 그 교회가 개척할 때부터 열심히 섬겨왔다. 목사님과 함께 전도도 많이 다녔고, 주일날에는 두세개 부서에서 열심히 봉사도 했다. 그 덕분에 늘 내 개인적인 시간을 갖지 못했고 때론 가정을 돌보지 못한 적도 많았다. 하지만 단

한번도 그만두겠다고 생각해본 적이 없었다. 조금 쉬고 싶어서 봉사를 내려놓고 있거나 주일날 아무것도 하지 않고 예배만 참석하면 불안했다. 이러다가 하나님께 벌 받는 것이 아닌가 하는 생각도 했다. 결국 B씨는 그렇게 몇 년을 보낸 후 자신의 믿음에 대한 심각한 고민을 하게 되었다. 결국 마음도 지치고, 육신도 지친 것이다.

앞에서 언급한 두 사람의 이야기를 우리와 전혀 상관없다고 여겨서는 안된다. 왜냐하면 누구나 종교 생활을 마치 믿음으로 착각하는 실수를 쉽게 범하기 때문이다. 아담과 하와가 타락한 후 나뭇잎으로 자신들의 수치를 가린 것처럼 기독교를 제외한 이 땅의 모든 종교들은 반드시 행위를 요구한다. 구원을 위해 애쓰고 열심히 노력해야 하는 것이 필요하다고 생각한다.

복음이 우리에게 처음 전파되었을 때 우리 사회는 샤머니즘적인 배경 속에 있었다. 우리의 신앙에 샤머니즘적인 요소가 존재하는 이유가 바로 그 때문이다. 이 샤머니즘적인 요소는 우리로 하여금 종교 생활을 마치 올바른 신앙생활로 착각하게 한다. 성경이 말하는 믿음에 대한 올바른 정의를 배우지 못했기 때문이다. 그래서 우리의 신앙은 이기적인 수준에 머물러 있거나 마치 소원을 이루기 위해 치성을 드리는 것 같은 신앙생활을 하게 된다. 예수님이 말씀하신 하나님 나라에 대한 관점은 하나도 없고,

오직 단편적인 지식들로만 믿음을 채우고 있다. 예수님을 믿는다고 말하지만 내 인생의 주인은 여전히 자기 자신이며 하나님은 그저 내가 힘들때 도움을 주는 대상에 지나지 않는다고 여긴다.

구원은 하나님 나라에 초대받는 것이다. 그러나 구원을 받으면 모든 것이 다 끝난 것처럼 생각하는 그리스도인들도 있다. 하나님 나라에 대해 배우지 않아서 생긴 오해다. 그래서 이원론적인 삶, 즉 하나님 나라와 전혀 상관없는 신앙에 머물러 있다.

안타깝게도 지금 한국 교회에는 이런 신앙을 가진 사람들이 너무 많다. 한국 교회는 가짜 믿음으로 가득 차있고, 종교 생활을 마치 올바른 믿음 생활인 것처럼 착각하는 사람들이 너무 많다. 이 표현이 너무 과격하다고 비판하는 사람이 있을지도 모른다. 하지만 우리가 진짜 제대로 된 믿음을 가졌다면 적어도 세상으로부터 '개독교'라는 냉소적인 비판은 듣지 않았을 것이다. 가짜 믿음이 가득한 곳, 이것이 현재 한국 교회의 현주소다.

가짜 예배

— 예배란 무엇인가? 이미 많은 신학자들이 예배에 대한 다양한 정의를 내놓았다. 내가 좋아하는 예배의 정의는 '하나님을

만나는 것'이다. 하나님은 살아계신다. 어제나 오늘이나 영원토록 동일하신 하나님이다. 그러고 하나님은 우리와 소통하기를 원하신다. 우리와 소통하기 위해서 이 땅에 오셨고 또한 말씀을 주셨다. 하나님은 말씀을 통해 우리와 교감하시는 것이다. 자녀들과 깊은 대화를 나누고자 하는 부모님의 마음처럼 말이다. 즉 예배란 바로 우리와 소통하고 싶어 하는 하나님과의 만남이다.

나는 대표적인 포털 사이트에 올라온 기사를 꼼꼼히 체크하곤 한다. 기독교나 교회를 비판하는 기사에 달린 악플들을 살펴보기 위해서다. 그래서 알게 된 사실이 있다. 악플을 다는 사람들 중에는 의외로 기독교에 대한 기본적인 지식을 가지고 있거나, 과거에 신앙 생활을 했던 사람들도 있다는 것이다. 그들의 댓글을 살펴보면 대개 이렇다. 과거에 몇 년 동안 교회를 다녔고, 지금은 그것이 다 거짓이라고 말하거나 교회와 관련된 여러가지 소문을 이야기하면서 비난하는 식이다. 나는 그런 악플을 볼때마다 그 악플러들에게 묻고 싶어진다. "몇 년 전 드렸던 예배와 찬양 가운데 과연 하나님과 진정한 만남을 경험했는지?"

어쩌면 단 한번도 하나님과의 인격적인 만남을 경험하지 못했을지도 모른다. 하나님을 인격적으로 만난 인생은 바뀌지 않을 수 없음을 알기 때문이다.

신앙이 없는 사람들에게 예배드리는 우리의 모습은 어떻게 보여질까? 교회를 다니던 아들 덕분에 마음이 움직여 두어 달 동안 교회를 다닌 분을 만난 적이 있다. 그 분은 짧은 기간동안 교회를 경험하곤 아들에게 이렇게 말을 했다고 한다. "아들아, 변한 네 모습을 보고 하나님이 진짜 계신 것 같아서 교회를 나갔더니 예배 시간에 모두 졸고 있더라!" 그 분이 더이상 다닐 필요가 없다고 생각하고 발길을 끊은 것은 당연했다.

또 한 분은 몇 달 전 전도를 받고 우리 교회에 출석하기 시작한 보험업에 종사하는 50대 중반의 불신자였다. 예배 후 이어진 면담 시간에 그는 이렇게 이야기했다.

> "저는 10년 전에도 전도를 받아 교회를 다닌 경험이 있습니다. 그런데 그 때 예배 시간에 졸고 있는 사람들을 보았죠. 인생의 의미를 찾기 위해 바쁜 시간을 쪼개어 참석한 예배에서 졸고 있는 사람들을 보는 순간 이런 곳에서 시간을 낭비하고 싶지 않다는 생각이 들었습니다"

7년 전 '넘치는교회'를 개척할 때 이런 생각을 했다. 이미 한국에는 5만 여 개의 교회가 있고, 단지 교회 하나가 부족해서 또 하나의 교회를 세웠다고 생각하지 않았다. 이미 세워진 5만 여 개의 교회가 하지 못한 뭔가가 있지 않을까라는 생각을 했다.

그리고 내린 결론이 바로 '예배의 회복'이었다. 사람들은 백화점에서 꼭 사고 싶은 물건이 있다면 개점 전부터 길게 줄을 서는 수고를 마다하지 않는다. 재미만 있다면 두 세 시간 동안의 상영시간도 지겨워하지 않고 즐겁게 영화를 보는 것이 우리다. 그런데 예수님을 만나는 예배는 한 시간만 지나도 너무 길다고 투정부린다. 조금이라도 예배가 길어지기라도 하면 몇 번이고 시계를 쳐다보는 것이 우리의 모습이다. 사랑하는 사람과 연애를 할 때면 하루 종일 시간을 함께하다가도 서로 헤어지는 것이 안타까워 결국 헤어지지 않기 위해 결혼하기도 한다. 예수님이 나의 구세주가 맞고 그 예수님을 내가 사랑하는 것이 맞다면 왜 우리의 예배 시간은 왜 이렇게 점점 짧아지는 것일까? 뭔가 잘못되어도 한참 잘못되고 있다. 예배 시간이 조금만 길어져도 마음 속에서 분노가 올라오는 이유는 사실은 우리가 가짜 예배를 드리고 있기 때문이다.

하나님은 이사야 선지자를 통해 죄악 속에서 가식과 이기적인 신앙에만 머물고 있는 이스라엘 백성의 예배를 향해 다음과 같이 말씀하셨다.

> 너희 소돔의 관원들아 여호와의 말씀을 들을지어다 너희 고모라의 백성아 우리 하나님의 법에 귀를 기울일지어다 여호와께서 말씀하

시되 너희의 무수한 제물이 내게 무엇이 유익하뇨 나는 숫양의 번제와 살진 짐승의 기름에 배불렀고 나는 수송아지나 어린 양이나 숫염소의 피를 기뻐하지 아니하노라 너희가 내 앞에 보이러 오니 이것을 누가 너희에게 요구하였느냐 내 마당만 밟을 뿐이니라 헛된 제물을 다시 가져오지 말라 분향은 내가 가증히 여기는 바요 월삭과 안식일과 대회로 모이는 것도 그러하니 성회와 아울러 악을 행하는 것을 내가 견디지 못하겠노라 내 마음이 너희의 월삭과 정한 절기를 싫어하나니 그것이 내게 무거운 짐이라 내가 지기에 곤비하였느니라 너희가 손을 펼 때에 내가 내 눈을 너희에게서 가리고 너희가 많이 기도할지라도 내가 듣지 아니하리니 이는 너희의 손에 피가 가득함이라. (사 1:10-15)

형식적이며 종교적인 예배, 하나님과의 만남이 없는 예배를 드리면서 어떻게 하나님이 원하는 삶을 살 수 있단 말인가? 어떻게 육체의 소욕을 이겨내고 그리스도의 향기를 세상에 흘려보낼 수 있단 말인가? 가짜 예배가 가득한 한국 교회에 '개독교'라는 소리가 들려오는 것은 어쩌면 우리 스스로가 자초한 일인지도 모른다.

교회의 사명을 이야기할 때 핵심적인 몇 가지로 정리할 수 있다. 그 중에서 빠질 수 없는 몇 가지가 있다. 바로 하나님을 향해 예배드리고, 제자를 만들고, 세상을 향해 선교하는 것이다. 그런데 한국 교회 중에 제자훈련에 힘을 쏟지 않는 교회는 거의 없다. 또 불과 몇 년 전까지만 하더라도 한국 교회의 인구대비 선교사 파송비율은 전세계에서 가장 높았다. 그런데 왜 한국 교회가 이지경이 되었을까? 나는 그 원인을 교회의 존재 목적인 예배가 무너졌기 때문이라고 생각한다. 다른 말로 이야기하자면 우리의 예배는 진짜가 아니라는 것이다. 가짜로 가득차 있다는 것이다.

우연하게 본 어느 교회의 주보 문구가 내 가슴을 찢어 놓는다.

"석양 예배 : 오후 2시"

가짜 목회

— 큰 콘퍼런스나 대형 집회에 가면 많은 목회자들을 만나게 된다. 그들 중에는 평소 교제를 자주 가진 분들도 있지만 새롭게 만나는 분들도 많다. 그런데 처음 만나는 분들과 만나면 반드시 주고받는 대화가 있다. 바로 성도가 몇 명이나 출석하는지에 대한 질문이다. 언젠가 한 집회에서 만난 A라는 분도 그런 분들 중 하나였다. 그 분은 내게 어떤 목회를 하고 있는지를 물어보셨다.

"저는 청년 목회를 하고 있습니다"

"몇 명이나 모이나요?"

"네, 대략 300명 정도 입니다"

"아, 그렇군요. 저는 장년만 3,000명 정도 출석합니다"

이런 대화를 주고 받다보면 내 마음 속에 나도 모르게 이런 생각이 들 때가 있다. "아! 이 분은 큰 교회를 섬기시는구나. 훌륭한 목사님인가보다"

'넘치는교회'에 주신 사명은 청소년과 청년을 위한 예배를 드리는 교회다. 나는 시간에 구애받는 한국 교회의 예배에 아픔을 느꼈고, 개척 후 1년 반이 되었을 때부터 시계를 가리고 예배를 드리기 시작했다. 예배의 주인은 하나님이시기에 내가 섬기는 교회에서는 하나님께 예배의 주도권을 드리고 싶었다. 그런데 나라고 후회가 없었을까? 시계를 가리고 예배를 드리면서 나도 가끔은 약간의 후회를 하기도 했다. 예를 들어 이런 식의 후회다. '우리 교회도 다른 교회처럼 한 시간 반 안에 예배를 마쳐야 성도들이 늘어날텐데…'

그러나 이런 저런 생각을 하면서 내린 결론은 성도를 '끌어 모으는' 목회는 하지 말자였다. 한국 교회 목회자들에게는 끌어모으는 DNA가 있는 것 같다. 물론 영혼 구원이라는 분명한 뜻이 있고, 그것을 통해 주님의 몸 된 교회가 자연스럽게 성장할 수 있다는 장점도 있다. 그러나 그 이면에는 사람이 많이 모여야 성공한 목회라는 잘못된 인식이 있다. 많은 성도를 모으고 큰 교회를 섬기는 목회자를 위대하고, 뛰어난 사역자로 여기고 반대로 개척교회나 농어촌의 미자립교회처럼 작은 규모의 교회를 섬기는 목회자는 마치 능력이 없거나 부족한 분으로 여기는 것이 은연중에 가지고 있는 우리의 생각이 아닐까? 그래서 교회를 성장시키기 위한 방법으로 소위 '소비자 중심의 백화점식 교회'를 만들게 되는 것이다. 교회 내에 카페도 만들고, 청소년들을 위한 농구코트도 있다. 심지어 수많은 상품으로 고객을 유인하는 백화점처럼 성도들이 좋아하거나 관심을 끌 수 있는 좋은 프로그램을 구비해놓고 성도들을 유인하고 있다. 어디 그것 뿐인가? 설교의 내용도 문제다. 회개와 책망하는 주제보다는 축복에 대한 주제의 설교가 주를 이룬다. 교회가 성도들을 위로하고 편안한 안식처를 만들어 주는 것은 좋은 일이지만, 가야할 목표를 상실한 채 안주하는 교회, 위로받는 교회, 성도들의 기분에 맞추는 교회로만 세워진다면 예수님이 이 땅에 교회를 만드신 본질을 잃어버리는 것이다. 그리고 본질을 잃어버린 교회 안에는 더이상 생명이 역동적으로 살아 움직일 수 없다.

성도를 끌어 모으는 목회자의 목회 전략에 익숙해지면, 성도들은 마치 '손님은 왕'이라는 의식을 가지고 교회 생활을 하게 된다. 교회의 비전은 그저 목회자만의 것이다. 예배를 참석하고 은혜를 받고 그리스도인으로 최소한의 도리만 하면 된다고 생각한다. 그래서 자녀들을 위한 좋은 프로그램이 있다는 소문을 들으면 가차없이 다른 교회를 옮기기도 한다. 때론 설교가 자기 마음을 조금 불편하게 하거나 다른 성도들간의 관계에 작은 문제만 생겨도 다니던 교회를 떠나고 만다.

이렇게 훈련된 성도들은 하나님 나라의 비전과는 상관없는 신앙 생활을 한다. 기복적인 신앙에 머무르고 자신만을 생각하는 이기적인 신앙에 익숙해져 있다. 세상의 빛과 소금이 되고, 하나님의 영광을 위한 삶을 살고자 하지 않고 그저 자기의 삶과 가정의 유익을 위한 신앙에 머물고 만다. 이런 교회와 그리스도인들은 마지막 때에 세상의 악과 싸워 이길 수 있는 힘을 지니고 있지 않다. 세상 사람들과 똑같이 자기중심적이며 이기적인 신앙인으로 머물러 있다.

PART 3

죽어가는 한국 교회의 미래

스마트폰은 나의 '하나님'

청소년 사역의 가장 큰 복병은 무엇일까? 나는 스마트폰이야말로 가장 큰 경쟁 상대라고 생각한다. 한 일간지에 실린 기사에 따르면 우리나라 청소년 10명 중 3명은 스마트폰 중독 위험군에 속해 있다고 한다. 스마트폰 중독 위험군에 걸리면 불안감 때문에 정상적인 삶을 유지하기 어려울 정도로 부작용이 크다. 청소년의 경우 공부에 지장을 받는 정도를 넘어서는 것이다.

스마트폰 이용자 1만 5,000명을 대상으로 '2014년 인터넷 중독 실태조사'(조사기관:미래창조과학부)에 따르면 스마트폰 중독 위험군으로 분류된 응답자중 무려 29.2%가 만 10~19세의 청소년이라고 한다. 국민일보는 2014년 7월 1일 보도에서 '스마트폰 중독 초등학생이 는다'라는 제목으로 다음과 같은 기사를 실었다.

> 여성가족부와 교육부는 지난 4 5월 초등학교 4학년, 중학교 1학년, 고등학교 1학년 141만 명을 대상으로 인터넷과 스마트폰 이용 습관을 조사한 결과 초등 4학년 37만 3,818명 중 1만 3,183명(3.5%)이 '스마트폰 중독 위험군'으로 나타났다고 30일 밝혔다. 지난해 1만 372명보다 2,811명 증가한 수치다.

> 한국정보화진흥원 인터넷중독상담센터에 따르면 청소년 스마트폰 중독 '잠재적 위험군'은 필요 이상으로 스마트폰을 오래 사용하고 집착하는 증상을 보일 경우 분류된다. 스마트폰 때문에 공부에 방해를 받고 심리적으로 불안정한 모습을 보이기도 한다.[4]

그러나 굳이 이 기사를 읽지 않았더라도 한국의 많은 청소년들이 이미 스마트폰에 중독되어 있다는 것을 우리는 알고 있다. 우리 삶 속에서 스마트폰에 빠져있는 청소년들을 쉽게 만날 수 있기 때문이다.

스마트폰 중독은 비단 청소년들 만의 문제는 아니다. 스마트폰에 중독되는 성인도 크게 늘고 있다. 주위를 유심히 돌아보자. 예배 시간에 문자를 보내거나 SNS 댓글을 살피고, 웹 서핑을 하는 성도들의 모습을 어렵지 않게 볼 수 있다. 요즘 젊은 세대는 여러 가지를 한꺼번에 할 수 있는 세대라고 한다. 그렇다고 하더라도 예배 시간에 설교와 스마트폰을 왔다 갔다 하면서 온전한 예배를 드릴 수는 없다. 예배를 볼 수는 있지만, 제대로 된 예배 가운데 하나님을 만나기는 어렵다.

스마트폰과의 전쟁에서 승리한 것은 누구일까? 아마도 스마

---

4) "스마트폰 중독 초등학생이 는다",〈국민일보〉 2014년 7월 1일.

트폰에 빠진 자녀들과 그것을 걱정하고 막으려는 부모 세대의 싸움에서 승리한 것은 청소년들인 것 같다. 이제 그 누구도 청소년들을 스마트폰에서 떼어내기에는 불가능해 보인다. 스마트폰 속으로 빠져 들어간 청소년들을 제자리로 되돌리기에는 이미 너무 늦었는지도 모른다.

청소년들의 이런 태도를 걱정하는 이유는 스마트폰을 사용하는 행동에 있지 않다. 오히려 스마트폰을 통해 믿음에 도움되지 않는 악한 콘텐츠들이 어떤 여과 장치도 없이 보게 되는 상황을 걱정하는 것이다. 이것은 간과할 수 없는 아주 큰 문제다.

스마트폰에 빠진 청소년들에 관한 한 기사를 살펴보자. 노컷뉴스는 가짜 가족을 구하는 청소년들에 대한 글을 실었다.

> 경기도 화성에 사는 박모(43)씨는 명절날 중학교 2학년 아들에게 목소리를 높였다. 가족들이 모인 자리에서 아들이 친구들과 문자만 보냈기 때문. 박 씨는 아들을 몇 차례 타일렀지만 친척 어른들의 질문에 퉁명스럽게 대꾸하는 아들에게 결국 화를 내고 말았다.
>
> 중학교 3학년 딸을 둔 주부 이모(44,여)씨도 휴대전화만 들여다보는 딸 때문에 속상하기는 마찬가지. 이 씨는 "딸과 함께 도란도란 이야기를 나누며 송편을 빚으려고 했지만 친구들과 휴대전화로 대화하느라 가족들과의 대화도 시큰둥했다"며 한숨을 쉬었다.

가족과 함께 하는 한가위. 오랜만에 만난 가족들은 이야기 꽃을 피우느라 여념이 없지만 가족과의 대화보다 온라인에서 만난 가짜 가족들과의 대화가 더 편한 10대들이 있다.

가상의 가족 즉, '양팸'을 만들어 마치 가족인 것처럼 대화를 이어나가는 것. 가짜라는 뜻의 '양'과 가족이라는 '패밀리'가 합쳐진 '양팸'은 누군가의 엄마, 아빠, 혹은 오빠나 동생이 되어 역할에 맡게 상대방과 대화하는 것으로, 진짜 가족처럼 상대방을 아껴준다. 아이들은 진짜 가족과 대화는 어색하고 불편하지만 양가족에게는 속마음도 편하게 이야기할 수 있다고 말한다.[5)]

이제 스마트폰이 그들의 하나님이 되어버렸다. 스마트폰을 통해 우리 안에 더럽고 추한 것들이 계속 쌓여만 간다. 그것들이 쌓여 마치 진폐증 환자가 숨을 쉬지 못하는 것처럼 우리의 영혼 역시 호흡하지 못하고 죽어간다. 우리를 점점 마비시켜 폭력적이고 이기적이며 음란한 세대로 만들고 있다.

이 땅의 청소년들과 청년들이 아파하고 무너지고 있는 현장을 청년 목회를 하는 내내 나는 지켜 봤다. 그들을 지켜보면서 어쩌면 이 시대 청년들 중 80퍼센트는 많은 치유가 필요하다고 생각

---

5) "가족보다 더 편한 양가족 구합니다", 〈노컷뉴스〉 2014년 9월 8일.

했다. 비록 겉은 멀쩡해 보이지만 마음은 온갖 더러움으로 가득 차 있고 심각하게 병들어 있기 때문이다. 청년들의 탓이 아니다. 자신의 인생 대부분을 오직 앞만 바라보며 경쟁 입시 위주의 삶을 보낸 청년들이 멀쩡하게 살고 있다면 그게 오히려 비정상일지도 모른다. 그리고 청년들이 이 정도라면 지금 이 순간에도 공부만을 위해 학교와 학원으로 내몰리고 있는 청소년들은 더 말할 나위가 없다.

우리는 지금 이 순간에도 우리의 뒤를 이어갈 다음 세대를 잃어버리고 있다. 부모의 신앙을 자녀들이 이어가지 못할 위기가 눈 앞에 이미 다가 왔다. 자녀를 낳지 못하면 대가 끊어진다고 걱정하는데 이 땅의 교회에 영적인 대가 끊어질 위기에 처했다. 말라기 선지자의 경고가 떠오른다.

> 보라 여호와의 크고 두려운 날이 이르기 전에 내가 선지자 엘리야를 너희에게 보내리니 그가 아버지의 마음을 자녀에게로 돌이키게 하고 자녀들의 마음을 그들의 아버지에게로 돌이키게 하리라 돌이키지 아니하면 두렵건대 내가 와서 저주로 그 땅을 칠까 하노라 하시니라 (말 4:5-6)

돈 많이 버는 것이 내 인생 목표예요

━ 하나님은 인간을 하나님의 형상으로 창조했다(창 1:26). 분명히 동물들과는 다른 방식으로 창조되었다. 그렇기 때문에 모든 인간은 자연스럽게 삶의 의미를 추구한다. 예수를 믿든 안 믿든 가장 불쌍한 인생은 삶의 의미를 모르는 것이다. 오래전 일이지만 한 북유럽 국가 복지부 장관의 아들이 자살을 했다. 죽기전 그가 쓴 유서에는 이렇게 남겨져 있었다. "나는 왜 사는 지 모르겠어요. 그래서 자살합니다"

얼마 전 지방의 한 고등학생이 다니던 학교에서 자퇴를 하면서 자신의 학교 앞에서 1인 시위를 해 주목을 받은 적이 있다. 이 학생의 1인 시위는 자신의 학교에서 끝나지 않았다. 1인 시위는 주변의 모든 학교 앞에서 이뤄졌고 마지막으로 교육감을 만났다. 그 자리에서 그 고등학생은 이렇게 말했다.

"입시 공부를 하지 말자는 것이 아닙니다. 저는 학교에 입학해서 고등학교 2학년이 되는 순간까지 매일 아침 8시부터 밤 10시까지 꼬박 입시 공부만 했습니다. 입시도 준비해야 하지만 저는 '내가 누구이며, 왜 살아야 하는지'도 알고 싶고, 배우고 싶습니다. "

겨우 고등학교 2학년의 말이지만 너무 맞는 말이라고 생각했다. 인생의 의미를 발견하기 위해서는 누구든지 창조주 하나님을 만나야 한다. 다른 방법이란 없다. 그러나 하나님을 만날 방법이 무너졌다. 예배가 무너졌고, 삶의 의미도 모른 채 그저 세상을 좇아 살아가고 있다.

말씀은 "너희는 이 세대를 본받지 말고, 하나님의 선하시고 온전하시고 기뻐하는 뜻이 무엇인지 분별하라"고 했고, 그렇기에 우리는 하나님이 원하는 삶을 살아야 한다. 그런데 아뿔싸! 모든 게 무너져 버렸다.

치료를 위해 몇 차례 들른 치과에서 한 간호사와 대화를 나눈 적이 있다. 그녀는 교회를 다니지 않는 사람이었다. 이야기를 하다 문득 그 간호사의 꿈이 궁금해 물어보게 되었다. "꿈이 뭔가요?" 그 간호사는 지체없이 대답했다. "돈을 많이 벌고 싶어요" 놀랍지 않은가? 돈이 꿈이 된 세상이 됐다. 하긴 이런 이야기도 들려온다. 요즘 초등학교 아이들에게 꿈이 뭐냐고 물어보면 연예인, 공무원 심지어는 임대업이라는 대답이 돌아온다는 이야기를 들었다. 어른이나 아이나 모두가 인생의 의미를 상실했다. 꿈이 없는 세대가 되어버렸고, 설령 꿈이 있어도 잘못된 꿈을 가지고 있다.

요즘 선교지에서는 젊은 청년 선교사가 없다고 한다. 그나마 있는 선교사로 지원하는 자원들도 인생의 황혼기를 의미있게 보내려고 하는 장년층들이 대부분이다. 불과 얼마 전까지만 해도 세계 2위의 선교사 파송국가였던 한국이 급전직하하고 있는 것이다. 올바른 삶의 의미도 모르고, 가르침을 받지도 못하는 시대를 살고 있는 그리스도인, 심지어 예배에서 하나님과의 깊은 만남을 가지지도 못한 그리스도인들이 어떻게 선교에 자원할 수 있겠는가? 지금도 위기지만 이대로 시간이 흐른다면 10년 후 한국 교회는 상상하기조차 싫다. 너무나 끔찍할 것 같기 때문이다.

공부벌레들

━ 우리나라 중고등학생 10명 가운데 7-9명이 만성적인 수면 부족에 시달리고 있다고 한다. 수면 부족이 불러오는 부정적인 효과는 상당했다. 하루 5시간 미만의 수면 시간을 가진 학생들은 7-8시간의 수면 시간을 가진 학생들에 비해 담배를 피우거나 술을 마시는 비율이 높고, 스트레스나 자살 충동도 더 많이 느낀다고 한다.[6)]

---

6) "우리나라 중고교생 10명 가운데 7~9명 만성 수면 부족", 〈국민일보〉 2011년 12월 12일.

한국의 학업 열기가 뜨거운 것은 이미 세계적으로 유명하다. 그런데 이제는 도를 넘어선 것일까? 다음은 우리나라 청소년들의 학업 스트레스를 다룬 한 일간지의 기사 내용이다.

> 한국보건사회연구원은 '한국 아동의 주관적 웰빙 수준과 정책과제' 보고서에서 우리나라와 미국 영국 프랑스 독일 등 30개국의 11세, 15세, 17세 아동 청소년 학업 스트레스를 비교한 결과 우리나라의 학업스트레스지수가 50.5%로 나타났다고 11일 밝혔다. 아동 청소년 2명 중 1명은 스트레스지수 1~4 가운데 3 이상인 경우에 해당됐다. 최하위 네덜란드(16.8%)보다 3배 이상 높았다. 전체 평균은 33.3%다. (중략) 삶의 만족도는 60.3%로 30개국 중 최하위였다. 29위는 루마니아로 우리나라보다 만족도가 16.3% 포인트 높았다. 1위는 학업스트레스를 가장 적게 받는 네덜란드로 94.2%나 됐다. 미국과 독일은 84.2%로 22위였다.[7]

기사에 나온 통계는 한국 청소년들의 현재 삶을 보여주는 단면이다. 미국 오바마 대통령이 몇 년 전 한 공식 석상에서 한국의 교육에 대해서 칭찬했다. 한국의 교육 정책 관계자들은 힘을 얻

---

7) "우리나라 아동 청소년 학업 스트레스 선진국 중 가장 높아", 〈국민일보〉 2015년 3월 11일.

었는지 모르겠지만, 한국 교육을 언급한 배경을 자세히 살펴보면 전혀 다른 이야기임을 알 수 있다. 자녀 교육을 방치하거나 관심을 가지지 않는 일부 미국의 부모들에게 한국처럼 관심을 쏟았으면 하는 의미였다는 것이다. 오바마 대통령이 칭찬한 것은 순전히 미국적 상황에서 나온 말인 셈이다.

얼마 전 미국 로스엔젤레스 시에 살고 있는 지인을 만났다. 그런데 그 지인은 자녀를 학원에 보내고 있었다. 미국의 초등학생이 학원을 다닌다는 것을 알고 깜짝 놀랐다. 그리고 물어봤다. "아니 미국에도 학원이 있나요?" 그 부모는 다음과 같이 대답했다. "네 한국 사람이 사는 곳에는 학원이 계속 생겨요!" 심지어 그 학원에는 미국 아이들도 와서 배우고 있다는 것이다. 한국의 학원 문화가 전 세계로 수출되고 있는 모양이다. 달갑지 않은 모습이다.

우리의 청소년들에게 학원은 필수적이다. 초등학교 때부터 3-4개의 학원을 다니는 것은 기본이다. 부모들도 이 시기부터 대학 입시에 대한 스트레스를 받기 시작한다. 아이들은 계속 학원으로 내몰리고, 그런 상황은 날이 갈수록 더 심화되고 있다.

한번은 신문에서 광고 하나를 우연히 보게 되었다. 겨울 방학 기간을 맞아 초등학교 5, 6학년들에게 중학교 수학을 2개월 만에 완성시켜 준다는 내용이었다. 선행학습이 한국에는 이미 보편화된 것을 보여주는 사례다. 예전에는 고등학생이나 대학생들이 풀던 문제를 초등학교 저학년들이 풀고 있다. 어쩌다 이렇게 되었을까?

공부 때문에 운동도 할 시간이 없는 아이들은 체력이 점점 약해진다. 그나마 짬이 나면 스마트폰과 게임에 빠져 있다. 그런 환경 속에서 어떻게 아이들이 건강하게 자라나길 기대할 수 있겠는가? 이런 상황은 아무리 교육 정책이 바뀌고 정부가 대안을 내놓아도 바뀌지 않을 것이다. 교육 현장의 아픔을 바꾸기 위해서는 우리 모두의 가치관이 먼저 바뀌어야 한다. 방법의 잘못이 아니라 가치관이 잘못되었기 때문이다. 한 마디로 인생의 최고 목적이 돈이고, 그 돈을 벌기 위해서는 살벌한 경쟁에서 살아 남아야 한다. 그래야 좋은 대학, 좋은 직장을 다닐 수 있고 행복해질 수 있다고 생각한다. 이런 황금만능주의 가치관이 바뀌기 전에는 절대 지금의 교육 환경은 바뀌지 않을 것이다. 바뀐다고 하더라도 형태의 변화만 조금 있을 뿐이다.

퇴근 때마다 자주 다니는 길에 한 고등학교가 있다. 그 학교는 사거리에 위치해 있어 신호를 기다리며 서 있는 차들과 걸어 다니는 사람들 모두 학교 외벽에 걸린 플래카드를 볼 수 있다. 좋은 광고판인 셈이다. 10년 동안 그 길을 다녔지만, 학교 외벽에 붙은 플래카드의 내용은 매번 비슷했다. 어느 대학에 몇 명이 합격

했으며, 각종 경시대회 수상 내역, 아무개 교수 초청 논술 특강, 대학 입시 설명회 등 모든 것이 입시에 관련된 내용이었다. 공부가 우선인 고등학교에서 당연할 수도 있다고 생각은 했지만, 매번 그 플래카드를 볼 때마다 마음이 무척 아팠다. 단 한 번이라도 다른 광고가 나오길 기대했다. "얘들아! 건강하게 자라다오. 이것이 부모님과 선생님들의 진정한 소원이란다"라는 식의 광고말이다. 그러나 단 한 번도 그 기대는 이루어지지 않았다. 그런 기대를 하는 것이 너무 순진한 것은 아닌지 모르겠다.

'9포 세대'에서 'N포 세대'로

━ 몇 해 전부터 청년들 사이에서 유행하는 단어가 있다. 바로 '3포세대'라는 말이다. 여기서 '3포'란 연애, 결혼, 출산을 포기한다는 것을 말한다. 그런데 여기서 끝나지 않았다. 급기야 3포에 인간관계와 집을 포함해 '5포'가 나오더니 이제는 취업, 꿈, 건강, 외모를 포기한 '9포'까지 나왔다. 이게 끝이었을까? 아니다. 이제 모든 것을 포기한다는 의미의 'N포 세대'라는 말이 나왔다. 인터넷에는 'N포 세대'를 다룬 기사를 심심찮게 올라온다.

이 땅에 살고 있는 젊은 세대들이 맞닥뜨린 현실을 보여주는 단면이다. 씁쓸함을 넘어서 비통함마저 느끼게 한다. 나는 목회자가 되기 전, 4-5년 동안 직장 생활을 했다. 내가 직장을 다니던 시절에는 정규직, 비정규직이니 하는 구분은 없었다. 한번 취업하면 정년 퇴직할 때까지 보장되는 일종의 영원한 취업이었다. 그러나 한국이 IMF시기를 지나면서 지금은 모든 사람들에게 정년을 보장해줄 수 없고, 자연스럽게 희망 퇴직이나 비정규직같은 말이 나오게 되었다. 경제 구조적인 문제라 할지라도 어찌되었든 청년들이 겪는 현실이다. 열심히 한 달을 일해도 겨우 88만원을 받는 청년들이 부지기수였다. 이같은 현실을 분석해 『88만원 세대』라는 책이 나와 이슈가 되기도 했다. 지금 현재 한국 사회에 가장 큰 문제는 청년들의 실업문제이며 여기서 기인되는 결혼 기피, 저 출산의 현상이다. 한국이 조만간 세계 최고의 최고령 국가가 될 것으로 예상된다. 출산율은 이미 전 세계에서 최저이다.

자고로 청년이란 꿈을 찾아 도전하며 열정을 가지고 살아가는 삶을 살아야 한다. 청년의 시대는 그런 삶의 정점이다. 지치지 않는 체력과 꿈을 향해 돌진하는 저돌성이야말로 청년들이 가진 특권이다. 그러나 한국의 젊은 세대들은 전혀 반대 상황에 놓여있다. 초등학교 때부터 입시를 걱정하며 잠을 줄여가며 공부해 대학에 들어간다. 그런데 어렵게 대학을 들어갔건만 졸업 후에는 취직할 회사가 없다. '울며 겨자 먹기'의 심정으로 대학원을 가거나 휴학을 해 졸업을 늦춰보지만 제대로 된 직장은 아주 소수에게만 열려 있다. 이러한 세상 풍조 속에서 그리스도인 청년들 조차 꿈을 잃고 방황하고 있다. 대학가 앞을 가보라. 심심풀이처럼 타로점을 봐주는 곳을 흔히 볼 수 있다. 어두운 미래를 불안해하는 젊은 세대의 마음을 이용하는 돈벌이만 난무한다.

이런 모든 상황을 돌파할 수 있는 것은 오직 하나님과의 만남이다. 그런데 예배는 무너졌다. 형식에만 얽매였고, 깊이는 사라졌다. 이제 그 어디에서도 희망을 찾을 수 없는 현실이 되어 버렸다. 이 땅의 기성세대로서 너무나 마음이 아프고 미안하고 가슴이 미어진다. 그래서 나는 계속 묻고 있다. "이 땅의 청년들이 어디에서 희망을 찾을 수 있을 것인가?"

무너지는 다음 세대들의 삶

━ 어느 주일 예배 때였다. 한참 뜨겁게 찬양을 드리고 있었다. 나는 청년들이 찬양 드리는 모습을 보며, 뒷자리에 앉아 예배를 위한 기도를 하고 있었다. 그때 한 청년이 커피를 마시면서 들어오더니 내게 말했다. "목사님, 졸려서 커피 한 잔 해야겠어요.

어제 밤 10시부터 오늘 아침 10시까지 편의점에서 아르바이트를 하고 왔거든요"

"그래? 피곤하겠구나"라고 말하며 그 청년의 눈을 바라보는 순간 나는 할 말을 잃었다. 전날 저녁부터 다음 날 낮 12시까지 꼬박 밤을 새워 일하고 끝나자 오후 1시에 열리는 예배에 달려온 마음이 느껴졌기 때문이다. 뭔가 모르게 마음이 복잡했다.

이것이 요즘 우리 주위에서 쉽게 만나는 청년들의 삶이다. 한 통계에 따르면 대학생들 중 80%가 등록금을 걱정하며 아르바이트를 하고 있다고 한다. 아르바이트뿐인가? 대학교를 졸업해도 취직이 어려워 휴학으로 졸업을 늦추거나, 대학원을 가는 경우도 흔하다. 영어 성적을 위해 새벽부터 학원으로 뛰어 가고 이력서에 들어갈 한 줄의 스펙을 쌓기 위해 학점 관리에 목숨을 건다.

반대로 진짜가 가짜에 휘둘리는 인생도 있다. 전날 새벽 3시까지 컴퓨터 앞에 앉아 게임을 하고 인터넷 서핑을 하고 동 틀 무렵에야 잠들었는데 교회 가라고 깨우는 엄마의 잔소리에 잠도 못 자고 끌려 오기도 한다. 이미 교회는 아무런 감흥을 주지 못하는 이상한 곳으로 전락해 버린 지 오래다. 간신히 1시간 30분을 버티다 도망치듯 나온 교회는 어떤 매력도 없는 이상한 집단이 되어 버렸다. 늘 '개독교'라고 놀리는 친구의 말이 맞는다는 생각이 점점 마음 속에 자리 잡는다. 때론 부모님 그리고 목사님이 하는 이야기에 동의하지만 게임의 노예가 되어버려 벗어날 힘이 없다. 혼자의 힘으로 벗어나기란 불가능해 보인다.

스마트폰의 세계에 빠져 무분별하게 들어오는 온갖 정보 속에 진실이 무엇인지도 모른 채 헤맨다. 손바닥만 한 스마트폰에서 떠나지 못하고 노예로 살아간다. 온라인에서 쏟아지는 더러움과 폭력에 노출되다보면 영혼은 서서히 병들고, 확실한 진리는 붙들 것이 없는 포스트모더니즘의 세상 속에서 길을 잃은 불쌍한 영혼으로 살아간다. 이미 '중2병', '대포', '88세대', 'N포' 등 온갖 상상 못할 현실 속에서 지칠 대로 지치고 희망 잃어버린 세상을 원망하는 세대가 되어 버렸다.

사라지는 청년 세대와 교회학교들

― 한국 교회가 위기라고 하지만 더 정확하게는 다음 세대의 위기라고 표현하는 것이 맞다. 몇 해 전 국민일보에는 다음 세대의 위기를 다음과 같이 이야기 했다.

> '텅 빈 교육관', 학생 없는 교회 늘었다. 대한예수교장로회(예장) 통합 총회는 '유년부' '초등부' '소년부'로 나눠 제작했던 초등학생용

교회학교 교재를 지난해부터 '저학년'과 '고학년' 2종으로 줄였다. 현장도 마찬가지다. 상당수 교회들이 중등부와 고등부를 나누지 않고 '중 · 고등부' '청소년부'등으로 통합해 교회학교를 운영한다.

이 같은 현상은 각 교단의 교회학교 통계에서도 확인된다. 기독교대한감리회(기감) 교육국에 따르면 기감 소속 교회 아동부 학생의 수는 2004년 27만 1,922명에서 2013년 17만 6,176명으로 9년 만에 10만 명 가까이 줄었다. 2004년 이후 매년 평균 1만 명 이상 줄어든 셈이다. 예장통합도 소속 교회학교 어린이(유년 초등 소년부) 수가 2004년 27만 1,235명에서 2013년 17만 8,438명으로 줄었다. 학생이 전혀 없는 교회도 늘었다. 예장통합 교육자원부는 올 초 총회 소속 교회 8,383개 중 절반가량은 교회학교 학생이 한 명도 없고, 6,000여 곳은 교육전도사가 없다고 발표했다. 예장합동의 경우 공식 통계를 내진 않지만 교단 소속 교회 중 50% 정도는 교회학교가 없는 것으로 추산하고 있다.[8)]

위의 통계에서 보듯 교회의 다음 세대들이 사라지고 있다. 이제 많은 교회는 예배시간에 머리가 희끗희끗한 사람들만 남아있다. 유럽의 교회들은 부흥기를 넘어 지금의 현실로 오기까지 그

8) "텅 빈 교육관", 〈국민일보〉 2014년 11월 28일.

런 시간을 보내왔다. 부흥을 주도했던 영국 교회는 '신은 없다. 마음 놓고 즐겨라'라는 문구가 버스에 붙어 있고, 주일 출석률이 1%도 되지 않는 선교 대상 국가가 되어 버렸다. 몇 년 전부터 간간히 들려오는 '한국 교회의 유럽교회화' 라는 말이 이제는 현실로 다가왔다. 그래도 희망을 가지고 어떻게든 되겠지라는 기대를 했지만 이제 이미 현실로 나타나고 있다. 그동안 교회가 보여온 여러가지 부도덕한 모습들과 변하는 세대를 따라갈 수 없는 교회 문화 등으로 교회를 부정적으로 바라보는 시선이 늘어났다. 심지어 다음 세대들은 교회를 점점 떠나가고 그나마 그 부족함을 메울 수 있는 출산율마저 떨어지니 한국 교회에 다음 세대를 기대하는 것은 과도한 희망처럼 보인다. 앞으로 몇 년 만 더 지나면 지금보다 더 심각한 상황이 도래하는 것은 불을 보듯 뻔하다. 매 주일 학생들로 시끌벅적했던 주일날의 풍경이 이제 한국 교회가 누렸던 한 때의 영광으로 자리 잡을 날도 머지않았는지도 모른다.

〈뉴스미션〉은 "청년들이 교회 떠나는 이유"에 주목하고 취재했다. 대략적인 내용은 다음과 같았다.

- 성경 안에 서로 모순되는 듯한 말씀에 대해서 덮어놓고 믿으라니 답답해서 교회에 가기가 싫다.

- 딱 부러지지 않고 물에 물 탄 듯한 자기합리화의 색깔이 농후한 교리들을 받아들이기 어려워 교회에 가지 않는다.

- 교회가 자기중심적인 것 같아 가기 싫다.

- 성도들이 모였다고 하면서 서로 질투하고 싸우는 모습을 본 후 교회에 가지 않는다.

- 교인들의 교회 안 행동과 교회 밖 행동이 너무 다르기 때문에 교회에 가기가 싫다.

- 전도 방법이 너무 혐오스러워 교회에 가기 싫다.

- 목회자에 대해 신뢰감이 생기지 않아 교회에 가지 않는다.

- 너무 따분하고 지루해서 교회에 가기 싫다.[9]

지금도 늦지 않았다. 청년들이 교회를 떠나는 이유에 관심을 가져야 한다. "청년들이 교회를 떠나는 이유"가 무엇인지 알고자 노력해야 한다.

---

9) "청년들이 교회 떠나는 이유 있다", 〈뉴스미션〉 2007년 6월 28일.

우리는 절대 부정?

━ 요즘 '보복운전'에 관련된 뉴스가 심심찮게 들려온다. 얼마 전까지만 해도 전혀 이야기 없던 부분이다. 물론 과거에도 있었지만 이슈가 되지 않아서 일수도 있지만 언론에 빈번하게 기사화 되는 것을 보면 횟수가 늘어난 것은 분명해 보인다. 과거보다 자동차가 늘어나서일까? 아니면 교통 체증이 이전보다 더 심해져서일까? 물론 다들 조금의 이유가 되겠지만 '보복운전'이라는 사회적 이슈를 전부 설명하기에는 부족해 보인다.

보복운전 말고도 우리에게 몇 년 전부터 눈에 띄게 늘어난 문제가 있다. 바로 '층간 소음'으로 인한 다툼이다. 단순하게 아래층과 위층의 관계가 나빠서 생기는 것이 아니다. 단순한 소음으로 인해 폭력이 일어나고, 심각할 경우 살인까지도 일어나고 있기에 결코 가볍게 넘길 수 없는 문제인 것 같다.

우리는 이렇게 생각해볼 필요가 있다. 발생한 문제를 해결하기 위해서는 피상적인 접근이나 겉에서 드러난 모습만 보고 문제의 해결을 시도해서는 절대 해결되지 않는다. 죄를 무겁게 하면 보복이 사라질까? 층간소음의 규정을 강화하면 우발적인 살인이 사라질까? 절대 아니다. 원인은 다른 곳에 있기 때문이다. 근본적인 원인이 해결되지 않는다면 문제는 해결될 수 없다.

나는 우리의 근원적인 문제를 '인풋'(Input)과 '아웃풋'(Output)에서 찾아볼 수 있다고 생각한다. 부모 세대들은 동네 골목을 누비며 뛰어 놀았다면, 우리 젊은 세대들은 어려서부터 게임을 하고 자랐다. 많은 시간을 혼자 게임을 하며 시간을 보냈다. 그래서 스마트폰이라는 현대 문명이 선물한 최고의 친구를 갖게 되었다. 이제는 버스나 전철 안에서 거의 대부분의 사람들이 스마트폰을 본다. 심지어 친구와 만난 카페에서도, 식당에서도 가족들과 오랜만에 식사를 하면서도 스마트폰을 손에서 내려놓지 못하고 있다. 예배 시간에도 젊은 세대들은 늘 스마트폰에 많은 신경이 쏠려 있는 것이 사실이다. 물론 게임도 할 수 있고 스마트폰도 볼 수 있다. 그러나 여기서 심각한 문제가 발생하게 된다.

> "분을 내어도 죄를 짓지 말며 해가 지도록 분을 품지 말고 마귀에게 틈을 주지 말라" (엡 4:26-27)

하나님께서는 성경을 통해 우리에게 말씀하신다. 간단히 살펴보면 우리 삶 가운데 분노라는 감정을 낼 수는 있다. 그러나 분노한 감정을 죄로 연결시키지는 말아야 한다. 그리고 오랜 시간 분노를 마음에 담아 두지 말아야 한다. 만약 분노를 마음에 오래 품는다면 사탄은 그것을 통해 우리를 힘들게 할 것이기 때문이다. “해가 지도록 품지 말라”는 것이 아주 중요한 요점이다.

인풋(Input)이라는 단어는 ‘들어간다’는 의미다. 눈으로 아름다운 풍경을 볼 때, 우리의 마음에 아름다운 감정이 샘솟는 것처럼 하나님은 우리에게 오감을 통해 세상의 많은 것들을 느끼게 해 주셨다. 그러나 아름다운 것을 보고 서로를 사랑해야 하는 이 창조 세계는 깨져 있다. 그리고 우리는 깨어진 세상에서 끊임없이 더럽고, 아프고, 추한 것들만 집어넣고 있다. 하나님이 만들어 주셨고, 오직 예수님만을 생각해야 할 우리의 마음에 세상의 깨지고 더러운 쓰레기들을 꾸역꾸역 집어넣고 있는 것이다. 하루도 빠짐없이 보는 드라마와 온갖 뉴스들, 인터넷에 있는 각종 정보들을 통해서 말이다.

한국 교회의 미래인 우리의 청년들의 삶이 마치 세상 모든 쓰레기들을 모아놓은 쓰레기 처리장처럼 되어 버렸다. 예전에는 부모들이 나쁜 것은 보지도 말고, 가지도 말라고 자녀들을 훈계했지만, 이제는 그마저도 아무런 소용이 없다. 이미 한국 교회의 미래인 청소년들과 청년들의 삶에서 스마트폰이 없다는 것은 상상할 수 없는 일이 되어 버렸다. 마치 스마트폰이 하나님이 되어 버렸다. 매일 들어오는 엄청난 쓰레기들을 마음속에 꾹 꾹 채워 놓는다.

아웃풋(Output)이라는 것은 말 그대로 바깥으로 나가는 것이다. 들어 간 것을 뽑아내는 것이다. 마치 밥을 먹으면 화장실을 가야 하는 것처럼 말이다. 그래야 건강할 수 있다. 이 젊은 세대의 더욱 큰 문제는 들어간 것이 밖으로 나오지 못한다는 것이다. 마치 밥을 먹었지만 화장실을 한 달 씩 못 간 것이나 같은 이치다. 아주 심각한 문제다. 솔직히 이제 한국 교회 미래들의 인풋을 좋은 것으로 통제하는 것은 거의 한계에 다 달았다. 스마트폰이라는 괴물 안에는 세상의 모든 것이 다 들어 있다. 거대한 쓰레기 저장소이다. 누구도 젊은 세대에게서 스마트 폰을 제거 시킬 수가 없다. 이런 상황 속에서 우리의 최선은 되도록 이면 그들 안에 나쁜 것이 인풋 되지 않도록 최선을 다해야 한다. 그리고 더욱 중요한 것은 들어간 것을 뽑아내게 해주어야 하는 것이다. 성경말씀처럼 해가 지도록 품고 있지 못하게 해야 하는 것이다.

그러나 어찌할꼬? 매일 학원으로 학교로 입시 전쟁 속에 시달리며 취업전선에서 심각한 사회의 차가운 현실 속에서 생활하는 이들에게 건강한 아웃풋을 할 수 있는 어떤 환경도 없다는 것이다. 그래서 모두 다 안에서 썩어 가고 있다. 폭력으로, 왕따로, 우울한 마음으로, 자살로… 결국 한국 교회의 미래는 세상의 쓰레기 속에서 허우적거리고 있는 것이다. "헬 조선", "헬 처치"를 외치며 말이다.

PART 4

7년간 계속된 눈물

끝까지 살아 남아다오!

━ 청년 사역자인 덕분에 나는 청소년이나 청년들을 대상으로 하는 집회에 자주 참석한다. 그런데 집회에 참석할 때마다 그들이 드리는 예배가 너무 무너졌다는 것을 느낀다. 매번 젊은 세대들이 얼마나 심각한 영적 전쟁 중인지 체험한다. 그들이 처하고 있는 영적 상황은 숨조차 쉴 수도 없는 끔찍한 상황의 연속이다. 갈 곳이 없고, 볼 것도 없으며, 들을 것도 없다. 그래서 희망을 가질 것이 아무 것도 없다.

몇 년 전 인도한 한 청년부 수련회에서 그들이 처한 영적인 상황을 함께 이야기하고 나누면서 기도하는 시간을 가졌다. 기도하는 내내 하나님은 청년들을 향한 너무 안타까운 마음을 주셨다. 그래서 내 마음은 무너져 내렸다. 기도를 마무리하면서 나는 참석한 청년들에게 마지막으로 당부했다. "너희들 죽지 말고, 사탄에게 지지 말고, 끝까지 꼭 살아 남아라. 너희 믿음을 잘 지켜서 하나님의 자녀답게 살아남길 바란다"

그들이 처한 상황이 너무나 어렵게 느껴졌기에 염려되는 마음에 나온 말이었다. 쉽게 말해 "뭔가 멋지게 살지 않아도 되니 그냥 하나님의 자녀로만 남아 있어줘"라는 간절한 표현이었다.

일년 전 부산의 한 중고등부 수련회에 참석했을 때도 마찬가지였다. 그들에게도 동일하게 부탁했다. “얘들아, 이제 빼앗길 것도 없다. 이미 다 빼앗겼다. 이제 너희들 밖에 없다. 그러니 끝까지 살아남아라.”

하나님이 하라고 하셔서 시작했지만, 솔직하게 말해 청년 사역을 하는 내내 희망은 보이지 않았다. 그렇게 7년 동안 매일 하나님 앞에서 울었다. 청년 세대에 대한 어떤 희망도 없는 내게 할 수 있는 것은 하나님 앞에서 우는 것 뿐이었다. 물론 내 안에 믿음이 있기에 하나님이 주신 희망을 가질 수는 있다. 절망 가운데 길을 내시고 상황을 역전시키는 하나님을 전적으로 신뢰하지만 들려오는 한국 교회에 관한 뉴스나 소식은 어떤 희망도 기대할 수 없게 했다. 그것만으로는 절대 긍정적으로 사고할 수 없었다. 상황은 절망 뿐이고 남은 것은 눈물 뿐이다. 그래서 오직 하나 기대한다. 우리 구주되신 예수님의 역사하심을 말이다.

큰 교회 목사님들 뭐하시나요?

━ 대형 교회에서 부교역자로 13년 동안 청년 사역을 했지만, 청년들과 목회하는 것은 결코 쉬운 일이 아니다. 하나님께서는 청년들을 위해 교회를 개척하라는 마음을 주셨고, 7년 전 ‘넘치

는교회'를 개척했다. 개척교회가 살아남을 확률은 얼마나 될까? 아마 채 1%가 되지 않을 것이다. 많은 개척교회가 재정적인 문제로 사라진다. 과거 한국 교회가 부흥했던 시기에는 교회 문만 열면 성도들이 찾아왔다. 조금만 전도하면 교회는 금새 성장했다. 그러나 지금은 개척교회 성공률 1%의 시기다. 그런 시기에 청년들만을 대상으로 목회한다는 것은 더디욱 어려운 일이지만 개척을 시작했다.

개척 초기 한 선배 목회자를 우연히 만났다. 청년 목회를 하고 있다는 내게 그 선배 목회자는 "청년들만 있으면 어려울텐데…"라며 걱정했다. 마음속으로 '걱정하지 마세요'라고 했지만, 시간이 흐르는 동안 그 선배 목회자의 "어려울텐데"라는 걱정을 실감했다.

요즘처럼 경제적으로 어려운 시기에 더구나 청년들과 함께 교회를 임대하고 유지해 나간다는 것은 상상 이상으로 힘든 일이었다. 매번 극적으로 채워주는 하나님의 은혜 가운데 어렵지만 한 걸음씩 내딛었다. 그 과정에서 목회를 유지해온 가장 큰 힘은 하나님께 순종하는 마음과 예배 가운데 변화되는 청년들의 모습을 지켜보는 것이다. 우울증으로 절망 속에 있고, 심지어 집안에 틀어박혀 집 밖에는 나갈 수조차 없던 청년, 여러가지 정신적인 질환과 깨어진 부모와의 관계로 힘들어하고, 왕따로 상처받고 고통스러운 시간을 겪은 이들이 예배를 통해 하나님을 만났고, 변화됐다. 그들을 바라보며 기뻤고, 하나님께 감사드렸다.

그러나 그런 기쁨의 순간이 있다고 해서 현실의 문제가 사라지지는 않는다. 매번 일어나는 문제 속에서 외롭고, 나 홀로 좁은 길을 걸어간다는 아픔 때문에 힘들었다. 그래서 가끔 '왜 작은 교회 목회자에 불과한 내게 다음 세대를 감당하라는 무거운 짐을 지우셨을까?'라는 투정아닌 투정을 하기도 했다. 나보다는 좀 큰 교회 목회자가 청소년과 청년들을 위한 열정을 쏟는게 더 효과적이지 않을까라는 의문이 들 때도 있었다. 대형 교회가 가지고 있는 넉넉한 재정과 사람들이 시너지를 낸다면 더 효과적인 사역이 이루어질텐데 말이다. 그래서 다음 세대에 무심한 대형 교회와 목회자들이 원망스럽고 이해가 되지 않았다.

그러던 중 지방에서 전통있는 한 중형 교회의 부흥회에 강사로 다녀오게 됐다. 집회를 마친 후 연로하신 담임 목사님과 식사를 하는 자리에서 앞에서 말한 대형 교회의 무관심에 대한 투정아닌 투정을 했다. 그런데 내 말을 유심히 듣던 목사님이 이렇게 말씀하셨다.

"목사님이 이해해 주셔야 합니다. 내가 소속된 노회의 대부분 교회가 1년에만 전체 성도의 30%가 줄어들고 있습니다. 이대로 간다면 몇 년 지나지 않아 대부분의 성도들이 사라질 위기감에

쳐해 있어요. 그러니 교회가 미래를 신경 쓰기보다는 현재 상황을 유지하는 것에 더 급급해하고 있습니다. 도무지 다음 세대를 신경 쓸 여력이 없습니다."

나는 이 말을 들으면서 한국 교회의 아픔이 고스란히 느껴졌다. 그렇다. 한국 교회는 지금 정체기가 아니었다. 감소기에 접어들었고 지금 교회를 유지하고 있는 성도들마저 떠나고 있는 현실에 혼란을 겪고 있는 것이다. 성도의 이런 급격한 감소 때문에 지금 목회 현장에 있는 담임 목사 대부분이 현재 사역하고 있는 교회에서 자신들의 정년을 마칠 수 있을지 의문하고 있다고 한다. 마음이 아주 아프다. 희망이 보이질 않는다. 과연 한국 교회는 이 위기를 극복할 수 있을까? 묻고 또 묻는다.

하나님 어떡해요? 살려주세요…

보건 복지부의 통계 결과에 따르면 2007년부터 2011년 사이 한국의 자살한 사람은 7만 1,916명으로 이라크전쟁 중 사망한 3만 8,625명보다 약 2배 정도 많고 아프가니스탄 전쟁에서 사망한 1만 4,719명에 비하면 약 5배나 많은 숫자다. 더 심각한 것은 다음에 나오는 통계다. 자살로 죽음을 맞는 사람은 약 1

만 5,000명 가량이지만, 실제 자살을 생각하는 사람은 약 500만 명, 계획을 하는 사람은 200만 명, 자살을 실제 시도하는 사람은 약 15-30만 명이나 된다고 한다.

그 결과 한국은 OECD국가 중 11년째 자살률 1위라는 불명예를 기록 중이다. 그리고 자살과 관련된 숫자 가운데 청소년과 청년이 절반 정도 차지하고 있다고 한다. 몇 년 전 전국민의 마음을 아프게 했던 세월호 같은 사건이 10일 정도에 한번씩 일어나고 있는 꼴이다. 비통한 마음을 금할 수 없다.

그런데 문득 한 가지 의문이 생겼다. 한국 교회가 급격한 감소 추세에 접어든 시기와 자살률 상승이라는 시기가 겹쳐지는 것은 우연일까? 노인과청소년, 남자와 여자 등 남녀노소를 가리지 않고 한국의 많은 사람들이 사탄에게 붙들려 죽어가고 있다.(요 10:10) 이런 우리의 현실이 너무나 마음 아프다.

어디 그뿐인가 청년들은 교회를 떠나고 있다. 심지어 크리스천이라는 사실을 숨기고 있다.

> "청년들이 '교회에 지쳐서' '교회가 싫어서' 교회를 떠나고 있다. 일반 청년들 사이의 '헬조선'(지옥 한국) 정서처럼 기독 청년들 사이에 '헬처치' 정서가 번지는 것이다. 한 선교 단체 간사는 '기독 학생들은 자신이 크리스천이라는 것을 비밀로 하다가 드러나면 화를 내

기도 한다'라며 청년들의 정서를 전하고 있다."[10]

기도를 하다 한국 교회와 다음 세대를 생각하면 그저 눈물이 앞을 가린다. 뭔가 한 줄기 희망의 빛이라도 보인다면 눈물을 그칠텐데 주위에서 들리는 이야기는 전부 부정적이기만 하다. 교회 내부적으로는 '한국 교회 붕괴', '교회에서 사라지는 다음세대'라는 이야기 뿐이고, 세상에서는 '개독교'라는 소리만 가득한 것이 우리 한국 교회가 당면한 현실이다. "하나님, 제발 살려 주세요"라고 외치고 기도하는 것 밖에 다른 도리가 없다.

10) "나 교회 나간다고 말하지마", 〈국민일보〉 2015년 8월 29일.

2부

뉴 리바이벌(New Revival)

New Revival

PART 5

터닝 포인트

어느 날 찾아오신 하나님

— '넘치는교회'를 개척한 후 처음 7년 동안은 가슴이 답답했다. 희망은 없고 아픔만 가득했다. 매주 예배를 드릴 때마다 울기만 했다. 여기저기 수련회 강사로 다니면서도 마찬가지였다. 한국 교회를 생각만하면 희망은 보이지 않고 답답한 마음에 깊은 수렁으로 계속 빠져 들어가는 느낌만 받았다.

그러던 어느 날 한 콘퍼런스에 참석했을 때였다. 기도를 인도하기 위해 강대상에 올라갔을 때 나는 아주 강력한 성령의 임재를 느꼈다. 기도를 인도하는 내내 내 목소리는 점점 커지고, 온몸이 마구 떨리기 시작했다. 점점 더 강도가 강해져 그대로 가다가는 그 자리에 쓰러질 것 같았다. 그날 이후 하나님은 내 마음속에 한 가지 감동을 주셨다. 그것은 바로 "한국 교회에 큰 비의 소리가 있을 것이다"라는 메시지였다. 이 메시지의 배경은 열왕기상 18장이다.

> "엘리야가 아합에게 이르되 올라가서 먹고 마시소서 큰 비 소리가 있나이다" (왕상 18:41)

3년 반 동안의 긴 가뭄 후 엘리야는 갈멜산 싸움에서 바알과

아세라의 선지자들과의 싸움에서 승리했고, 하나님은 약속하신 대로 비를 주셨던 장면이다. 나는 하나님이 주시는 감동에 깜짝 놀랐다. 그리고 계속해서 그것에 귀 기울였다. 그랬더니 이런 놀라운 감동들이 계속 전해졌다. "이것은 뉴 리바이벌, 새로운 부흥에 대한 것이며 마지막 때를 위해 한번도 경험하지 못한 것을 보게 될 것이다. 그리고 이 모든 것들은 다음 세대들이 감당할 것이다"

그 감동을 정리해보면 뉴 리바이벌은 아무도 경험하지 못한, 이전의 부흥과는 다른 것이라는 의미이며 새로운 세대들이 감당할 것이라는 뜻이다.

그날 이후 나는 그 말씀을 놓고 계속해서 묵상하며 정리했다. 사실 리바이벌이란 단어는 목회를 하는 동안 수없이 들어왔고 기도하고 노력했다. 웨일즈를 비롯해 평양에서 일어났던 대부흥을 연구하고 그 부흥이 이 땅 위에 다시한번 일어나길 간절히 원했던 적도 있다. 그러나 이번에 말씀하신 부흥은 내가 과거에 들었고, 경험했던, 그리고 우리가 보통 생각하는 그런 부흥이 아니라는 확신이 들었다. 교회의 규모가 커지고 성장하는 그런 부흥이 아니며, 말 그대로 점점 다가올 주님의 재림을 위해 하나님께서 예비한 부흥이라는 것이다. 그 감동은 나를 흥분시켰고 그 말씀을 묵상하고 곱씹으며 지금까지 달려왔다.

심판의 소리

━ 새 부흥에 대한 주님의 음성을 듣고 3개월 후인 2014년 9월. 나는 에스겔 8-9장을 본문으로 삼아 주일 설교를 했다. 에스겔 8-9장은 예루살렘의 우상 숭배로 인해 결국 하나님의 성소로부터 시작되는 심판을 이야기하고 있다.

이 말씀으로 설교하는 내내 나는 하나님께서 한국 교회를 향해 이미 심판을 시작하셨다는 생각이 들었다. 하나님께서 예루살렘에서 행해진 우상 숭배를 심판하신 것처럼 한국 교회에도 시작하신 것이다. 전 교인 중 청소년과 청년이 90퍼센트인 작은 교회 목회자이지만 개척한 후 7년 동안 한국 교회를 위해 하루도 빠지지 않고 걱정하며 눈물을 흘려왔다. 영적으로 부족하고 둔감한 내가 보기에도 이미 한국 교회를 향한 하나님의 심판이 시작되었다. 얼마나 많은 교회들이 홍역을 치르고 있지 않은가? 아름답지 못하고 차마 생각하기도 싫은 여러 가지의 사건들이 한국 교회 안에서 일어났다. 그 모든 것들이 마치 커다란 댐의 둑이 툭 무너지듯이 여기저기에서 터지고 있다. 서로 싸우고 분열하는 모습이 세상에 그대로 노출되어 이제는 교회가 세상의 조롱거리가 되고, 세상의 신뢰를 완전히 잃어버렸다. 교회가 세상을 걱정하는 것이 아니라 세상이 교회를 걱정하는 시대가 되어

버렸다. 몇 해 전에는 목사들 간의 싸움이 알려져 충격을 던져주었다. 그나마 가지고 있던 일말의 기대감까지 송두리채 무너지게 만드는 사건이었다.

끝이다. 어쩌면 한국 사회는 더이상 한국 교회를 기대하지 않는지도 모른다. 무엇으로 이 깨어진 신뢰를 회복할 수 있겠는가? 착한 일 조금 더 한다고? 아니면 구제 조금 더 한다고? 아니다! 우리가 뭔가 할 수 있다는 마음을 버려야 한다. 하나님 외에는 아무 방법이 없다.

우리는 그것을 알아야 한다. 이 모든 사건들이 지난 수 십년 간 감추어진 것들이 드러나는 것이기도 하다. 그러나 분명한 것은 그것들을 드러내는 분도 하나님이라는 사실이다. 하나님은 우리의 부끄러운 모습을 감추기를 더이상 원치 않으신다. 아픈 부분을 드러내고 에스겔 9장의 모습처럼 한국 교회를 심판하고 계신 것이다.

이런 현실 속에서 목회자의 한 사람으로 내 마음도 아프고 무너져 내렸다. 하지만 죽어가는 다음 세대와 그들이 마주쳐야하는 칠흑처럼 어두운 현실을 바라보며 눈물을 흘릴 때 나도 함께 통곡했다. 때로는 길을 가다가도 깊은 한숨을 내쉬었다. 그렇게 7년을 살며 이 말을 입에 달고 살았다. "어찌할꼬, 한국 교회여…"

그러나 나는 하나님의 심판은 그 자체로 끝나지 않는다고 믿는다. 얼마 전의 일이다. 치아에 문제가 생겨 오랫동안 치과에서 진료를 받아야 했다. 치아는 물론이고 잇몸도 치료가 필요했기 때문이다. 그때 만난 치과 원장님은 내 입안 구석구석을 살폈고 청소가 필요한 곳에는 청소를, 보강이 필요한 곳에는 보강을, 치료가 필요한 곳은 치료를 해주셨다. 오랜 치료 과정 중에서 가장 고통 받았던 순간을 꼽으라면 신경치료와 잇몸 염증을 제거하는 순간이었다. 치료를 받는 동안 내 등은 늘 땀으로 흥건했다.

그런데 치료를 받던 어느 날이었다. 고통스러운 치료 중에 갑자기 하나님을 묵상하며 눈물이 났다. 나의 몸을 다시 새롭게 하시는 하나님의 따뜻한 사랑을 느꼈기 때문이다. 치료를 받느라 오랫동안 고생을 했지만 이제는 차가운 물을 마셔도 이가 시리지 않게 되었다. 잇몸이 약해져 흔들렸던 이도 다시 힘을 얻었고 뼛속 깊이 느껴야 했던 통증도 이제는 사라졌다. 다시 건강한 치아를 가지게 되었고, 평화를 찾았다. 나처럼 한국 교회도 치료의 순간을 보내고 있다고 생각한다.

"여호와의 말씀이니라 너희를 향한 나의 생각을 내가 아나니 평안이요 재앙이 아니니라 너희에게 미래와 희망을 주는 것이니라" (렘 29:11)

치료를 마칠 때 나는 치료해주신 치과 원장님께 이런 말씀을 드리면서 웃었다. "원장님, 하나님께서 저를 치료하셔서 다시 쓰고 싶으신가봐요!"

이 말씀처럼 하나님께서 한국 교회를 심판하시는 이유는 한국 교회를 사랑하기 때문이다. 그리고 다시 사용하기 원하기 때문이라고 나는 믿는다.

맞다! 구약의 수많은 선지자들이 선포했던 심판의 예언은 이스라엘의 끝이 아니라 새로운 시작을 알리는 것이었다. 사랑의 하나님께서 범죄한 이스라엘을 사생아처럼 그냥 둘 수 없어서 심판하고 새롭게 회복 시키셨듯이, 나는 하나님의 한국 교회를 향해 심판하는 것은 회복시키기 위함이라고 믿는다. 그래서 지금의 심판이 한국 교회에게는 아픔이요, 치부를 드러내는 부끄러움과 그로인해 세상의 조롱거리가 되겠지만 이것이 끝이 아님을 믿는다. 하나님께서 한국 교회를 반드시 회복시킬 것임을 신뢰한다. 마지막 때에 반드시 한국 교회를 귀하게 쓰고 싶기에, 그 때를 위해 지금 고치고 수리하는 것이라 믿는다. 그리고 하나님의 계획을 신뢰하기에 오직 앞만 보고 달려가는 이 땅의 신실한 종들을 통해 마지막 때에 주님이 원하는 새로운 부흥이 올 것이라고 믿는다. 이것이 바로 새로운 부흥, 뉴 리바이벌일 것이다.

절망에서 희망의 전도자로 변하다!

━ 지난 7년 간 나는 하나님을 전적으로 신뢰했다. 하지만 한국 교회를 바라보는 내 마음은 조금의 희망도 없는 절망 그 자체였다. 희망이 없었기에 내가 할 수 있는 유일한 일은 하나님 앞에서 우는 것이 전부였다.

개척하기 전, 나는 한 대형 교회의 청년부를 맡아 사역한 경험이 있다. 그 청년부는 주일에 참석하는 청년만 수 천 명이었다. 비록 하나님의 뜻에 순종해 개척이라는 어렵고 고단한 길을 시작했지만 교회를 향한 나의 진짜 관심과 방향은 개척한 교회의 부흥에 있지 않았다. 우리 교회에는 확실한 두 가지 목표가 있다. 첫째, 한국과 열방의 예배에 도전하는 것이고 둘째, 다음 세대를 하나님의 군대로 일으켜 세우는 것이었다.

어떻게 하면 하나님이 온전히 받으시는 예배를 드릴 수 있을까? 고민끝에 일 년 반부터 예배실 벽에 붙은 시계를 가리고 예배를 드리기 시작했다. 시계를 가리니 놀라운 일이 일어났다. 7시간 동안 예배를 드린 것은 일반적이었다. 가장 길게는 9시간 반동안 예배를 드리기도 했다. 물론 얼마나 예배를 길게 드렸나가 중요한 것이 아니다. 우리가 시간을 정해놓고 우리 마음대로 드리는 것이 아니라 예배의 주도권을 주인되신 하나님께 내어드렸다는 것이 중요했다. 그렇게 예배에 집중했을 때 예배 속에서 수많은 역사가 일어났다. 매주 뜨겁게 예배드린 우리는 자연스럽게 그 영성을 가지고 한국과 세계 여러 곳들에 가서 예배를 인도했다. 외국으로 나갈 때는 왕복 비행기 티켓값을 마련하느라 쩔쩔매기 일수였다. 사례비를 받지 못하는 것도 상관없었다. 오히려 우리의 돈을 들여 사역을 했다. 그렇게 사역을 다닌 것은 개척한 '넘치는교회'를 부흥시키기 위해서가 아니었다. 무너져가는 이땅의 예배를 회복시키고 싶은 간절함 때문이었다. 그리고 죽어가는 다음 세대를 살리는 것이 근본 목적이었다. 하나님께서 내게 주신 마음이 단순히 교회가 커지는 성장이 아니라 하나님의 마음과 뜻을 이 땅에 전하는 것이었기에 가능한 일이었다.

뉴 리바이벌에 대한 하나님의 음성을 들은 이후 나는 곰곰이 생각해보았다. 하나님께서 왜 나에게 이런 감동을 주셨을까? 인간적인 생각으로 따져보면 넘치는교회는 청년들만 다니는 아주 작은 교회라 그렇게 큰 힘을 낼 수 있는 곳이 아닌데 말이다. 그리고 내가 내린 결론은 지난 7년 동안 한국 교회를 가슴에 품고 기도해 왔기 때문인 것 같다. 그 기도 덕분에 또한 한국 교회를 향한 하나님의 애통한 마음과 함께 새로운 부흥의 희망의 소리를 들었다고 생각한다.

이제 나는 바뀌었다. 뉴 리바이벌을 듣기 전의 7년 동안은 늘 절망 속에 한국 교회를 바라보며 예레미야처럼 울었다면 이제는 어디를 가든 새로운 부흥을 전하는 희망의 전도자로 변했다. 그리고 날마다 가슴 벅찬 마음으로 목회를 하고 있다. 이 땅에 임할 하나님의 뉴 리바이벌을 기대하면서 말이다.

PART 6

희망이 시작되다

왜 '뉴'(New) 인가?

━ '뉴'라는 말은 새로움을 의미한다. 우리가 시편에 나오는 '새 노래'를 해석할 때도 여러 가지 방법으로 '새'라는 단어를 해석한다. 그렇다면 뉴 리바이벌의 '뉴'는 어떤 의미를 가지고 있을까?

지난 2천 여 년의 기독교 역사상 수많은 부흥이 있어 왔다. 우리는 늘 그 부흥을 연구했고 그 때만의 독특한 상황을 찾아냈고, 그렇게 함으로써 또 다른 부흥을 추구했다. 그러나 이번에 하나님께서 주신 새로운 부흥에 대한 감동은 그동안의 어떤 부흥의 흐름을 조사하고 연구해서 얻어지는 것이 아니었다. 그야말로 이전 부흥과는 전혀 다른 새로운 부흥이라는 것이다.

마지막 때의 모습이 여기저기에서 나타나고 있다. 성경에서 말하는 마지막 때의 모습은 우리 일상에서 손쉽게 찾아 볼 수 있다. 우리는 그런 현상을 볼 때마다 주님이 오실 때가 가까이 왔음을 느낄 수 있다. 물론 초대교회 성도들도 주님이 곧 오실 것을 믿었고, 깨어있던 수많은 성도들도 자기 당대에 주님이 오시리라고 생각해왔다. 성경에서 깨어있다는 말은 어쩔 수없이 우리에게 조만간 주님이 오실 것을 생각하게 만든다. 예를 들어 오백 년 후 주님이 오신다 생각한다면 어떻게 우리가 깨어있을 수 있겠는가?

그러나 여러 분분한 종말에 관한 이야기를 차치하고서라도 분명한 것 한 가지는 어제보다 오늘이, 오늘보다 내일이 주님이 오시기에 더 가까워졌다는 사실이다. 그리고 언젠가 주님은 반드시 오실 것이다. 바로 뉴 리바이벌은 그 주님 오실 때를 준비하는 리바이벌이 될 것이다. 그렇기 때문에 어느 누구도 경험할 수 없었고 지금까지 우리가 경험하고 공부한 수많은 리바이벌들과는 다른 것이며 우리가 전혀 상상하지 못하는 모습으로 다가올 수도 있을 것이다.

부흥에 관한 정의를 여러 각도에서 이야기 할 수 있겠지만 우리는 보통 부흥하면 개인 심령의 변화를 이야기하기도 하고 그래서 구원 받는 사람이 증가하고 자연스럽게 교회의 규모가 커지고 성장하는 것을 부흥이라고 생각한다. 지금까지 모든 부흥이 그런 모습으로 다가 왔다. 그러나 뉴 리바이벌은 우리가 기대하고 상상할 수 있는 그런 부흥이 아니라 전혀 다른 모습의 부흥일 수 있다. 그래서 뉴 리바이벌인 것이다. 우리의 기대가 아닌 마지막 때를 위해 주님이 직접 준비하신 아무도 경험하지 못하고 생각하지 못하는 부흥이다.

'바로의 꿈' 이야기

― 창세기 41장을 묵상 하던 중 특별한 감동을 받았다. 창세기 41장은 바로의 꿈 이야기이다. 살찐 일곱 암소와 흉하고 파리한 일곱 암소이야기 그리고 충실한 일곱 이삭과 마른 일곱 이삭의 이야기다. 이 꿈이 의미한 바는 요셉이 해석한 것처럼 7년의 큰 풍년 후에 7년의 큰 흉년이 오는 것을 말한다. 큰 풍년도 좋았지만 풍년 후의 흉년이 너무 심해서 이전 풍년을 이 땅에서 기억하지 못하게 된다는 것이다.

이 말씀을 묵상하면서 한국 교회는 큰 풍년을 경험했고 이제 큰 흉년의 시기에 접어들었다는 생각을 하게 되었다. 나는 이 땅의 주의 종으로서 한국 교회에 흉년이 오는 것을 절대로 원하지 않는다. 그러나 분명한 것은 지금 이대로 다시 풍년이 오는 것은 오히려 한국 교회에 더 큰 해악이 될 것이라는 생각도 드는 것이 사실이다. 요셉은 바로에게 꿈을 해석하면서 32절에 다음과 같이 이야기한다.

> "바로께서 꿈을 두 번 겹쳐 꾸신 것은 하나님이 이 일을 정하셨음이라 하나님이 속히 행하시리니"(창 41:32)

소와 이삭으로 꿈을 두 번 꾼 것은 하나님께서 확정하신 일이기에 반드시 이루어지고 속히 이루어진다는 것이다. 이 말씀을 묵상 중에 강하게 감동으로 다가온 것은 한국 교회에 흉년이 올 것이라는 것이다. 한국 교회를 사랑하고 7년 동안 울며 기도했기에 인간적으로 흉년이 오는 것을 절대 원하지 않는다. 그럼에도 불구하고 이대로 풍년이 오는 것은 안 되고 마치 요셉이 바로에게 말한 것처럼 한국 교회 흉년은 하나님이 정하신 일이고 그래서 이루어지고 그것도 속히 이루어질 것이라는 생각을 하게 된다. 아마도 앞으로의 흉년은 너무 심하여 복음이 전파된 지 130여 년 동안 있어 왔던 한국 교회 부흥을 생각조차 할 수 없을 정도가 될 수도 있을 것이다. 또한 요셉은 36절에 다음과 같이 말한다.

> "이와 같이 그 곡물을 이 땅에 저장하여 애굽 땅에 임할 일곱 해 흉년에 대비하시면 땅이 이 흉년으로 말미암아 망하지 아니하리이다."
> (창 41:36)

흉년이 오는 것은 피할 수 없지만 곡물을 저장하여 흉년에 대비하면 망하지 않는다는 것이다. 36절을 묵상하는 내내 아주 큰 감동이 왔다. "그렇다! 한국 교회는 망하지 않는다. 하나님은 한국 교회를 다시 쓰실 것이다"

그러나 또한 분명한 것은 그렇게 하나님께 쓰임받기 위해서 우리는 흉년에 대비해 곡식을 저장해야 한다. 하나님의 영으로 충만하고 지혜로운 요셉을 통해 흉년을 이겨낼 수 있었던 것처럼 한국에는 이제 요셉과 같은 사람이 필요하다. 그리고 그들이 각자의 영역에서 한국 교회의 흉년에 대비해서 양식을 저장해야 한다.

들리는 말에 의하면 주일을 빠짐없이 지키고 있는 한국 개신교인의 수는 약 500만으로 추산된다고 한다. 일반적으로 발표된 통계치는 800만이지만 사실은 그것보다 훨씬 적은 개신교인들이 매 주일 빠짐없이 교회에 출석하고 있다. 한국 교회에 불어닥칠 흉년으로 개신교인의 수가 얼마나 줄어들지 알 수 없다. 그러나 분명한 것은 한국 교회는 망하지 않는다는 것이다. 요셉이 7년동안 준비한 것처럼 우리도 곡식을 예비해야 한다. 흉년에 대비해 저장해야할 양식의 의미는 여러 가지로 생각해볼 수 있다. 우선 교회의 잘못을 회개하고 올바른 길로 바꾸어야 한다. 그리고 더 이상 분열하지 않고 서로 연합해야 한다. 한국 교회를 건강하게 하고 교회의 미래인 다음 세대를 살리는데 온 힘을 쏟아야 한다.

나는 오늘도 한국 교회가 쓰러지지 않기를 간절히 기도한다.

그리고 다시 하나님께 멋지게 쓰임받도록 간절히 기도한다. 요셉과 같은 사람이 필요할 때다. 우리 모두 요셉과 같은 사람이 되어 한국 교회의 흉년에 대비하자. 하나님께 다시 한번 쓰임 받는 한국 교회가 되기를 간절히 소망한다.

뉴 리바이벌을 이루는 세대

하나님이 주신 뉴 리바이벌의 감동 중 또 다른 한 가지는 바로 이 새로운 부흥을 다음 세대가 감당한다는 것이다. 나에게 있어서 다음 세대는 청년들과 중고생, 초등학생들이다.

이들은 이전 아비 세대와는 다른 몇 가지 놀라운 특징들을 가지고 있는 세대들이다. 먼저 이들은 어마어마한 영적전쟁에 시달리고 있다. 경제적으로나, 영적으로나 모든 면에 있어서 사탄의 집중적인 포화를 맞고 있다. 사탄은 이들을 집요하게 공격하고 있다. 그래서 희망이 없는 세대가 되었고 인터넷에 중독된 세대가 되었고 자살하는 세대가 되어 버렸다.

거꾸로 생각해보면 사탄에게 집중포화를 당하고 있다는 것은 하나님께서 그만큼 그 세대를 사용하고 싶어 하신다는 의미도 된다. 우리가 이들을 지켜줘야 한다. 이들을 훈련시켜야 한다. 그래서 그들을 향한 하나님의 뜻을 그들이 깨닫고 그 뜻을 향해서 한발 한발 걸어갈 수 있도록 도와주어야 한다. 그것이 그들을 향한 우리 아비세대의 책임이다.

둘째는 이들은 통일되어 있다는 것이다. 한 나라가 아니라 전 세계가 하나로 되어있다. 예를 들어 옷을 이야기해 보자. 과거에는 나라마다 다른 옷을 입고 있었다. 그런데 지금은 세계 어디를 가도 비슷한 옷차림이다. 젊은이들에게 인기있는 옷은 비록 나라가 다를지라도 비슷하다. 또한 소셜 네트워크 서비스(SNS)를 통해 세계가 하나로 이어져 있다. 과거에는 몇 달 후에나 알 수 있었던 일들이 지금은 그 즉시 공유된다. 그래서 한국에서 부흥이 일어난다면 그 부흥은 한국의 부흥으로 끝나지 않고 글로벌한 부흥으로 이어질 수 있다.

다음 세대가 가진 이런 통일성이 사탄이 공격할 수 있는 좋은 재료도 되지만 하나님께 쓰임 받는다면 놀라운 결과를 만들어낼 수도 있는 것이다.

뉴 리바이벌을 이루는 10가지 핵심 가치

— 새로운 부흥에 대한 도전을 받은 지 두 달 후. 나는 찬양팀

과 함께 일본 삿포로의 한 집회에 참석했다. 그 집회는 일본 청년들이 모인 연합 기도모임이었다. 우리가 생각하는 선교지로서의 일본이 아닌 생명력 넘치는 예배와 기도를 드리는 집회였다. 나는 그 모임을 지켜보며 받은 감동을 가지고 뉴 리바이벌에 대한 10가지 가치를 정리할 수 있었다.

새 부대 (New Wineskins)

새 술은 새 부대에 담아야 한다. 새 부대는 탄력이 있지만 옛 부대는 탄력이 없다. 새 술은 발효가 활발하게 일어난다. 그래서 탄력이 없는 옛 부대는 그것을 감당을 할 수가 없어 결국 부대가 찢어지고 만다. 탄력이 없는 옛 부대에는 옛 술을 담을 수가 있다. 이미 발효가 끝난 술이기 때문이다. 그래서 새 술은 새 부대에 담아야 한다고 예수님은 가르치셨다.

새로운 시대에 맞게 끊임없이 우리는 변해야만 한다. 그럼에도 여기서의 논점은 나쁘고(헌것), 좋고(새것)의 문제가 아니다. 우리 모두 각자의 역할과 몫이 있다. 새로운 부흥은 새 부대, 새 술은 새 부대에 담아야 한다는 것이다.

나는 내가 섬기고 있는 넘치는교회가 새 부대라고 확신한다. 특히 예배에 있어서 다른 사람이 한 것을 모방해서 좇아가는 것이 아니다. 하나님이 주신 것에 순종해 걸어왔다. 무너져가는 예배의 모습을 보고 '성령님께 주도권을 드리는 예배', '강하고 깊은 예배'라는 모토를 가지고 어려운 길을 걸어왔다. 무엇 때문에 이런 길을 걸어왔을까? 새로운 시대에 부어 주시는 하나님의 새로운 전략을 받아 이뤄가길 원했기 때문이다.

복음은 바뀌지 않아도 복음을 전해야 할 세상은 끊임없이 바뀐다. 그것도 아주 빠르게. 그래서 시간이 조금만 흘러도 미래는 우리 모두가 상상하지 못했던 이상으로 바뀐다. 그런 세상에 복음을 전하고 하나님 나라를 확장하기 위해서는 새로운 전략이 반드시 필요하다. 이를 위해 이 땅의 교회를 이끌어 가시는 하나님께서 부으시는 새로운 전략을 누가 받을 수 있겠는가? 옛 부대가 되어서는 받을 수가 없다. 하나님에게 열려 있는 새로운 부대로 준비된 자들만이 그 전략을 받고 실행할 수 있는 것이다. 이 땅에 임할 새로운 부흥의 시대는 이런 새 부대를 통해서 이루어질 것이다.

다음 세대 (Young Generation)

나는 중고등학생 수련회를 갈 때마다 아이들에게 물어본다. "너 건축 헌금 얼마 냈어?" 그럼 아이들은 그냥 웃는다. 안 냈다는 뜻이다. 한국 땅의 부모 세대인 아비의 세대는 새벽 예배를 다니면서 교회에서 봉사했다. 자신의 집 보다 하나님의 집이 먼저

라고 생각하고 열심히 봉사하고, 섬기면서 교회를 세운 분들이다. 이 한국 땅에 있는 수많은 십자가가 달린 큰 교회들 모두 다 이런 아비 세대들이 세웠다.

그러면 다음 세대의 몫은 무엇일까? 다음 세대의 몫은 아비 세대들이 일구어 놓은 터에서 꽃을 피우는 일이다. 바로 그들이 이 땅에 임할 새로운 부흥을 실제로 이루는 세대인 것이다. 이들 세대는 이전 세대와는 뭔가 다르고 달라도 한참 다른 것 같다. '넷세대'(N세대)라고 불리 우는 이들은 아비세대와는 확실히 다른 무엇인가가 있다. 이들에게 발견되는 여러가지 부정적인 모습들에 대해 우리는 이야기 할 수 있다. 그러나 확실한 것은 하나님이 이 세대를 사용하실 것이며, 이들이 바로 하나님 나라의 미래이자 한국 교회의 미래이며, 새로운 부흥을 이룰 세대다. 더 나아가 다시 오실 주님을 맞이할 세대일 가능성이 아비 세대보다 훨씬 더 크다고 나는 믿는다. 그렇기 때문에 우리는 이들을 잘 지켜주고 보호해야 한다.

창조적 비저너리 (Creative Visionary)

그냥 꿈꾼다는 것 자체가 창조적이다. 그래서 우리는 "하나님, 창조적인 꿈을 꾸게 하여 주옵소서"라고 기도해야 한다. 그러나 비전은 내가 꿈꾼다고해서 꿀 수 있는 것이 아니다. 내가 무엇을 하겠다고 결심을 하는 것이 비전이 아니라는 의미다. 만약 그렇게 생각한다면 그것은 인간의 야망으로 끝날 수 있다. 진정한 비전은 하나님으로부터 오는 것이다. 우리를 이 땅에 보내신 하나님의 목적을 이루기 위해 우리는 하나님의 비전을 꾸어야 한다.

비전을 받기 위해서는 무엇보다도 기도로 나아가야 한다. 앞에서 말했듯이 단지 "하나님 제가 뭘 하겠습니다"라는 것은 우리의 야망이거나 하나님과 상관없는 꿈이 될 수 있다.

비전을 받은 사람은 현실에 묶여서는 안된다. 우리는 연약한 존재이기에 자기 자신을 바라보면 비전을 이루기 전에 먼저 실망과 낙담을 하고 만다. 그러나 꿈꾸는 자는 자기의 현실에 묶이지 않고, 하나님을 바라보는 사람이다. 자신이 처한 현실이 비록 비루하고 어렵다 할지라도 그럼에도 불구하고 하나님을 바라보는 것이 진짜 믿음이다.

사실 새로운 부흥은 이 땅에 존재하는 것이 아니다. 우리가 경험하고 알고 있거나, 우리의 힘으로 어찌될 수 있는 것이 아니다. 그러나 그 부흥이 우리에게 임하도록 하기 위해서 우리에게 필요한 것은 창조적으로 꿈꾸는 사람이 되는 것이다. 그럴 때 우리는 어느새 하나님의 새 부흥을 이루어가는 우리 자신을 보게 될 것이다.

연합 (Alliance)

뉴 리바이벌을 이루는데 필요한 또 다른 가치는 바로 연합이다. 왜냐하면 이 땅에 임할 새로운 부흥은 한 교회, 한 개인의 몫이 아니기 때문이다. 우리가 살고 있는 지금 시대는 위대한 한 사람이 크고 위대한 일을 해내는 시대가 아니다. 오히려 평범하고 작은 사람들이 모여서 위대한 일을 해내는 시대다.

얼마 전 소셜네트워크서비스(SNS)에서 전 세계적으로 '아이스버킷 챌린지'라는 것이 유행한 적이 있다. 루게릭 병에 걸린 사람들에 대한 관심을 불러일으키고자 시작된 캠페인은 유명인부터 시작됐지만, 사회적으로 엄청난 반향을 일으키면서 전 세계의 수많은 사람들이 동참했다. 그 결과 환자들을 위해 상상을 뛰어넘는 금액이 모금됐다. 불과 몇 명의 유명인이 큰 금액을 기부한 것이 아니다. 셀 수 없이 많은 사람들이 얼음 물을 뒤집어 쓰면서 기부한 것이다. 지금 시대는 '세계화'의 시대다. 인터넷, SNS 등을 통해 세상은 연결되어 있다. 작은 사람들이, 작은 불빛들이 연합해 큰 일을 이루는 시대가 온 것이다. 작은 일이 작은 것으로만 끝나지 않고 크고 위대한 일이 되고 엄청난 영향력을 끼치는 세상이 됐다.

그래서 우리는 '연합'에 대한 간절함이 필요하다. 전 세계를 연결하고 연합하려는 태도가 필요하다. 이제는 가깝게는 중국이나 일본으로부터 멀게는 아프리카와 아메리카의 나라들까지 하나가 되어 영적인 것을 분별해 나가야 한다. 예수께서 드리던 대제사장의 기도가 이제 우리 속에서 진실로 이루어져야 할 때가 되었다.

> "내가 비옵는 것은 이 사람들만 위함이 아니요 또 그들의 말로 말미암아 나를 믿는 사람도 위함이니 아버지여, 아버지께서 내 안에, 내가 아버지 안에 있는 것 같이 그들도 다 하나가 되어 우리 안에 있게 하사 세상으로 아버지께서 나를 보내신 것을 믿게 하옵소서" (요 17:20-21)

강한 소리(Strong Worship)

강한 소리는 중요한 영적 역할을 한다. 우리가 목소리를 통해서 부르짖고, 믿음의 선포를 하고 찬양을 부르고 몸을 통해 춤을 추고 뛸 때 이 강한 소리는 우리의 신앙 생활에 아주 지대한 영향력을 가져다준다.

강하고 큰 소리는 우리에게 치유를 가져다준다. 우리 폐속에 들어온 먼지와 분진이 차곡차곡 쌓이고 방치하면 진폐증이라는 무서운 질병이 될 수 있다. 우리의 영으로 들어온 영적으로 나쁜 것들이 쌓이면 영적인 진폐증에 걸리게 된다. 우리의 목소리와 믿음의 선포를 하는 찬양은 우리의 영으로 들어와 쌓인 영적인 나쁜 것들을 몸 밖으로 배출시켜주는 역할을 한다. 이 원리를 알기 전 나는 한 가지 궁금한 것이 있었다. 성경은 이렇게 말했다.

> "너희가 내게 부르짖으며 내게 와서 기도하면 내가 너희들의 기도를 들을 것이요 너희가 온 마음으로 나를 구하면 나를 찾을 것이요 나를 만나리라" (렘 29:12-13)

전능하신데다 우리를 자녀로 사랑하신다는 하나님께서 꼭 우리가 이렇게 부르짖어야 들어주시고, 만나주신다는 게 이해가 되지 않았다. 하나님이시라면 기도하기 전 이미 우리에게 필요한 것이 무엇인지 다 아시고 우리가 부르짖기도 전에 먼저 만나주셔야 하는 게 아닌가?라고 생각했다. 나는 정말 궁금했다. 그러나 청년들과 강하고 깊은 예배를 드리면서 이 말씀이 무엇을 의미하는지 알게 됐다. 하나님은 마땅히 우리의 아버지시고, 우리를 너무나 사랑하신다. 그럼에도 우리에게 부르짖고 간절히 주님을 찾으라고 하시는 것은 우리 속에 있는 너무나도 많은 더러운 것들 때문에 하나님의 음성을 듣지도 못하고 하나님의 얼굴을 볼 수도 없기 때문이다. 그래서 우리가 하나님을 향해 간절히 부르짖고 찾아야 한다. 그래야만 우리 속에 쌓인 영적으로 나쁜 것들이 우리의 밖으로 배출된다. 강한 소리는 우리 안에 나쁜 것들을 배출하는 어마어마한 역할을 한다. 상담학자나 심리학자가 내담자와 상담을 할 때 쓰는 방법 중에 한 가지가 바로 그들을 울리는 것이다. 울음을 통해 그들 안에 있던 나쁜 감정들이 배출되고 건강한 마음을 회복할 수 있는 기초석이 놓여진다. 그래서 "우는 만큼, 바깥으로 나온 만큼 치유가 된다"라는 말을 하기도 한다.

넘치는교회에서 청년들과 함께 시간을 보내면서 알게된 중요한 2가지 사실이 있다. 첫째, 청년들이 얼마나 병들어 있는지 알게 됐다. 그들의 외모는 멀쩡하다. 그러나 내면은 그렇지 못했다. 겉으로는 멀쩡하게 웃고 다니지만 사실 내면은 썩을 대로 썩고, 곪을대로 곪아 있다. 예배 가운데 성령님이 임재하시고 치유하면 그런 내면의 문제들이 밖으로 드러난다. 그리고 강한 소리가 성령님의 치유하심에 필요하다.

둘째, 새로운 부흥의 시대를 살아야 할 다음 세대들에게 이 강한 소리가 얼마나 필요한지 뼈저리게 체험하고 알게 됐다. 강한 소리는 영적 전쟁에서 승리를 가져오기 위해 반드시 필요하다. 마지막 때에는 강한 영적 전쟁이 반드시 일어나고, 강한 자가 전쟁에서 승리한다.

기드온의 3백명의 용사가 미디안과의 싸움에서 승리할 수 있었던 것은 강한 소리 때문이었다. 항아리를 깨뜨리는 소리와 나팔 부는 소리, 여호와와 기도온의 칼이라고 외친 강한 소리가 승리를 가져왔다.

마지막 때가 다가올수록 양과 염소로 갈라지는 상황이 생긴다. 우리의 믿음을 유지하기 어려운 상황이 앞으로 자주 일어난다는 의미다. 믿음을 유지하기에는 세상의 쾌락이 너무나 크고 강하다. 예수님의 제자로 말씀을 의지하며 살아야 하는데 우리는 늘 흔들리고 실패한다. 치열한 영적 전쟁이 일어날 마지막 때에 우리가 살아남기 위해서는 강함이 필요하다. 우리가 강해지기 위해서는 강한 소리가 필요하다. 성경은 예수님의 음성을 '많은 물소리' 같다는 의미로 '강한 파도'(mighty ocean waves)라고 말한다. 고양이의 소리가 아니라 창세기 49장에 나온 유다의 사자가 예수 그리스도의 모습이다.

> "유다야 너는 네 형제의 찬송이 될지라. 네 손이 네 원수의 목을 잡을 것이요 네 아버지의 아들들이 네 앞에 절하리로다 유다는 사자새끼로다 내 아들아 너는 움킨 것을 찢고 올라갔도다 그가 엎드리고 웅크림이 수사자 같고 암사자 같으니 누가 그를 범할 수 있으랴" (창 49:8-9)

말세를 사는 우리는 유다의 사자 소리를 가져야 한다. 우리를 넘어뜨리고자 할 때, 우리가 새로운 일을 시작할 때 사탄이 쓰는 가장 손쉬운 방법이 두려움이다. 이 두려움을 이겨 내는 것이 바로 강한 소리인 것이다.

거룩한 신부(One Thing, Deep Worship)

"내가 여호와께 바라는 한가지 일 그것을 구하리니 곧 내가 내 평생에 여호와의 집에 살면서 여호와의 아름다움을 바라보며 그의 성전에서 사모하는 그것이라" (시 27:4)

다윗은 하나님께 요청한 것은 오직 한 가지였다. 돈, 재물, 명예가 아닌 하나님의 집에 살기를 원했다.

우리에게 다윗과 같은 거룩한 신부의 영성이 필요하다. 거룩한 신부가 되어야 한다. 주님의 뜻이 무엇인지 먼저 알아야 한다. 친밀한 신부가 아닌데 어떻게 주님의 음성을 듣고 주님의 원하는 것을 알 수 있단 말인가? 무슨 일을 하든, 무슨 일이 일어나든 우리의 영은 깨어 있어야 한다. 하나님이 말씀하시지만 정작 삶 속에서 우리의 영이 하나님께 열려 있지 않다면 하나님의 음성을 놓치고 만다. 하나님이 언제, 어디에서 우리에게 말씀하실

지 모르기 때문이다. 성령님의 음성은 마치 밭에서 감자를 캐는 것과 같다. 감자나 고구마를 캐기 위해 땅을 파면 하나를 발견하고 끄집어내면 그 뒤로 줄줄이 엮여 나온다. 영적인 것도 마찬가지다. 하나를 발견하면 확 열린다. 거룩한 신부가 되고 주님과 친밀감이 있어야 하나님의 마음도 알고, 하나님이 주시는 음성도 듣고, 시대를 보는 시각과 깨달음도 얻을 수 있다. 반대로 우리가 주님과 친밀하지 못하면 세상의 명예, 돈과 친해진다. 점점 더 세상 쾌락과 친해지고 그럴수록 우리 안의 하나님 나라는 점점 작아진다.

진짜 거룩한 신부가 되어야 한다. 그래서 하나님을 알아가야 한다. 그리고 그 가치관으로 무장하고 음성을 듣고 친밀함을 가질 때 뉴 리바이벌을 이루어 갈 수 있다.

> "내 사랑아 너는 디르사 같이 어여쁘고, 예루살렘 같이 곱고, 깃발을 세운 군대 같이 당당하구나" (아 6:4)

'디르사'라는 것은 지명으로 아주 화려하고, 아름다운 것을 나타낸다. 그러나 주님의 거룩한 신부는 어여쁘고, 고운 것으로 끝나지 않는다. 깃발을 세운 군대같은 당당함이 필요하다. 특히 영적 전쟁이 극심할 마지막 때에는 아름다우면서도 강한 신부의 영성이 이 땅의 교회에 필요하다.

강한 예배를 드릴 때 우리에게 은혜로 주어지는 것이 바로 깊은 예배이다. 강한 예배를 통해 우리에게 묻어있는 영적인 오물을 떨쳐냈다면 이제 깊은 침묵과 조용함 가운데 찾아오시는 하나님의 세밀한 음성을 들어야 한다. 마치 엘리야가 호렙산에서 하나님의 세미한 음성을 들은 것처럼 말이다(왕상 19:9-18). 이 깊은 예배 가운데 하나님은 사랑하는 자녀들에게 말씀하시고 비전을 주시고 위로하고 격려하시는 것이다.

기도의 꽃을 묵상기도라고 한다. 묵상기도는 우리 존재의 한 가운데에 거하시는 그 분께 집중하여 귀 기울이는 것이다. 그렇게 하나님의 임재를 느낄 때 우리는 자신의 모든 감각을 하나님의 소유로 내어드리고 주님과 진정한 연합을 이룰 수 있는 길에 다다르게 된다.

그러나 이 묵상기도에 이르기 위해서 통성기도는 반드시 선행되어야 할 조건이다. 예를 들어 배가 항구에 가기 위해서는 강한 파도를 이겨내며 힘 있게 노를 저어야 한다. 이것은 마치 통성 기도와 같은 이치다. 그리고 항구에 도달하면 노를 놓고 안식할 수 있다. 이것이 묵상기도에 해당된다. 통성기도가 없이 올바른 묵상기도를 하기란 어렵다. 마찬가지로 강한 예배를 드렸다면 자연스럽게 우리는 깊은 예배로 인도함 받아야 한다.

자유함(Freedom)

주일에 어떻게 예배를 드리는가? 가만히 보면 모두가 다 사람들의 눈치를 본다. 쉬운 예로 손을 들고 찬양하라는 가사가 나와도 자연스럽게 손을 들기 보다는 옆 사람이나 주위의 분위기를 먼저 신경 쓴다. 예배는 절대자이신 하나님께 나와 구원의 기쁨과 사랑의 마음과 경외하는 마음을 가지고 하나님을 만나는 순간이다. 물론 주변의 분위기를 파악하는 것이 어느 정도 필요할 때도 있다. 그러나 주위의 시선을 신경쓰거나 내 마음 가운데 하나님이 주시는 마음을 억압해 부자연스럽게 예배를 드리는 것은 고쳐야 한다.

어린 시절 아빠가 장난감을 사오시면 너무 기쁜 나머지 자연스럽게 몸을 흔들며 춤을 추던 기억이 누구에게나 있다. 때론 소리도 지르고 마구 뛰어다니며 진심으로 기뻐한다. 이 모습이야말로 하나님이 창조하신 우리 본래의 모습이다. 영혼육이 서로 다르게 반응하는 것이 아니라 긴밀하게 연결되어 있어서 기쁜 마음이 생기면 우리의 육체도 덩달아 반응하게 된다. 그것이 춤으로, 기쁨의 소리로 자연스럽게 이어지는 것이다. 그러나 우리는 성장하면서 자유함은 박탈당한다. 급기야 하나님 앞에서도 자신의 마음을 마음 놓고 아뢰지 못하는 실정이 된다.

만약 여기서 더 나가면 자유함은 둘째치고 영적으로 완전히 눌린 상황이 된다. 이런 사람들에게 예배 가운데 하나님을 향해 마음 놓고 찬양하고, 소리지르며, 춤을 추는 것은 상상도 할 수 없다. 그래서 그들은 매주 예배 가운데 자신의 마음을 감춘 구경꾼이 되고 만다. 이것은 하나님이 예배를 통해 우리에게 주시는 은혜와 선물을 받는데 커다란 걸림돌이 된다. 주의 영이 계신 곳에 자유함이 있고, 자유한 영혼 가운데 주님이 역사하신다. 자유한 영혼 가운데 성령님이 말씀하시는 것이다. 굳은 생각 속에서 성령님은 역사하지 않는다.

대한민국의 대부분의 50대 남자가 그렇듯 어두운 색의 옷을 선호한다. 그러나 나는 매 주일마다 밝은 색의 옷을 입으려고 노력한다. 나와 함께 동역하는 부교역자들은 내가 밝은 색 옷 입는 것을 힘들어 한다는 것을 안다. 그래서 늘 내게 이렇게 말한다. "목사님, 제발 밝은색 티셔츠 좀 입으세요!" 심지어 지난 스승의 날에는 내게 하늘색 운동화를 사주기도 했다.

나는 의도적으로 밝은 것을 입기 위해 노력한다. 그래서 내 옷장에는 파란바지, 빨간바지들이 늘 대기하고 있다. 비록 나이가 들면 어차피 생각이 굳어지겠지만, 그래도 굳어가는 것을 조금이라도 늦추기 위해 힘겹게 노력 중이다.

자유함. 이것은 성령의 역사다. 앞으로 마지막 때에 찬양 인도자들에게 요구되는 것도 바로 이것이다. 최근 들어 '즉흥적인 찬양'(Spontaneous song)을 부르는 찬양 인도자들이 늘어나고 있다. 과거의 찬양 인도자들은 비슷비슷한 스타일을 가지고 있었다. 곡 중심으로 그 곡 안에서 처음부터 시작하거나, 후렴부터 시작한다. 아니면 솔로로 시작하는 정도다.

성령이 강하게 역사하는 예배는 다르다. 그래서 요즘에는 예전에 볼 수 없던 '즉흥 찬양'이 나왔다. 음정과 가사에 묶이지 않는 찬양, 그런 찬양을 드릴 때 성령님의 음성이 들린다. 우리가 자유롭게 소리 지르고 자유롭게 반응할 때 우리의 영은 자유로워지고 성령님과 함께 할 수 있다. 성령님은 늘 새로우시기에 굳은 형태로 임하지 않는다. 정해진 룰에 구애받지 않으신다. "과거에는 이렇게 했을 때, 성령님이 역사하셨어!" 아니다! 하나님은 늘 새롭게 역사하길 원하신다.

뉴 리바이벌에 왜 성령의 역사가 필요할까? 부흥은 인간의 노력의 산물이 아니기 때문이다. 부흥은 절대적으로 하나님의 역사다. 인간의 노력으로 오는 것이 아니라 하나님이 허락하셨기 때문에 오는 것이다. 과거에 있었던 부흥도 하나님께서 허락해야 오는 것이고, 앞으로 있을 부흥도 하나님의 허락으로만 가능하다. 그래서 뉴 리바이벌의 역사를 위해 우라는 성령의 사람이 되어야 한다. 성령의 바람 소리를 들을 수 있어야 하고 성령의 세밀한 음성을 들을 수 있는 귀가 있어야 한다.

천국 가족 공동체

가정은 우리 삶에 근본이다. 탄생, 성장, 성숙, 결혼 등 인생의 모든 것이 이루어지는 터전이며 삶과 사역의 모든 것의 기초가 된다. 그래서 우리 인생에 문제가 생기는 것은 대부분은 가정으로부터 시작된다. 마음이 건강하지 못한 사람의 배경을 살펴보면 건강하지 못한 가정으로부터 받은 영향 때문에 대부분의 문제가 생긴다. 그래서 우리는 건강한 가정을 만들고, 자녀와 좋은 관계를 맺기 위해 힘써야 한다. 아버지는 좋은 아버지 상을 보여줌으로 자녀들이 훗날 하나님에 대한 올바른 관계를 형성할 수 있는 밑그림을 그려줘야 한다. 어머니는 자녀를 위한 사랑의 기도를 통해 하나님이 일하시게끔 해야 한다.

그러나 현대인들은 모두가 외롭다. 급격한 기술의 발달은 우리의 삶을 깊은 소외감을 느끼도록 왜곡시켰다. 사탄은 가정을 깨뜨리는 방법을 통해 많은 사람들을 어렵게 하고 있다. 그래서 가정을 모델로 탄생된 교회는 그 가정의 연약함을 채워 나가는 사명도 감당해야 한다. 인간적인 사랑이 아닌 그리스도의 사랑이 기본이 된 성도간의 교제와 희생적인 사랑이 충만해야 하는 것이다. 성도들의 가정과 세상의 삶이 어떠하든지 간에 교회 내에서는 격려해주고, 존중되어 지고, 보호받고 사랑받는 천국 가족 공동체가 되어야 한다.

교회가 그런 천국 가족 공동체의 모습을 회복할 때 세상은 교회를 인정하고 예수 그리스도 앞으로 나올 수 있으며 하나님 나라 확장의 사명을 감당할 수 있다. 마지막 때가 될수록 하나님이 창조하신 공동체인 가정과 교회를 향한 사탄의 공격은 심해질 것이다. 아비 세대와 자녀 세대들의 마음이 하나가 되어 성경 말씀을 지켜나가야 한다. 이를 통해 뉴 리바이벌은 이루어 질 수 있다.

> "모든 겸손과 온유로 하고 오래 참음으로 사랑 가운데서 서로 용납하고 평안의 매는 줄로 성령이 하나 되게 하신 것을 힘써 지키라 몸이 하나요 성령도 한 분이시니 이와같이 너희가 부르심의 한 소망 안에서 부르심을 받았느니라" (엡 4:2-4)

과격한 헌신

이제는 예수님께 모든 것을 헌신해야 한다. 양다리를 걸치고 살 수 없는 시대가 왔다. 회색지대가 사라졌다. 세상의 강력한 힘이 회색지대에 있는 우리를 그냥 놔두지 않는다. 교회만 온다고, 예배를 드린다고, 헌금을 냈다고 해서 해결되는 것은 없다. 이제 그런 시대는 지났다. 과격한 헌신이 필요한 때가 됐다.

앞에서 언급했던 일본 삿포로에서 만난 일본의 청년 그리스도인들의 모습에서 나는 무척 도전을 받았다. 그들은 단 2박 3일의 예배를 드리기 위해 일본 전역에서 모였다. 그 예배를 참석했던 넘치는교회 선교팀도 기차로만 15시간이 소요되는 거리를 달려 왔다. 어렵게 모였기에 그들은 절대 시간을 낭비하지 않았다. 대충대충이란 있을 수 없었다. 그들에게서 참된 예배자의 모습을 발견할 수 있었다.

예수님께 우리의 삶을 드리는 과격한 헌신이 필요하다. 예수님께 우리의 삶을 드리는 것은 단순히 교회로 와서 사는 것을 말하는 것이 아니다. 과격한 헌신은 우리 삶의 모든 것을 드리는 것이다. 모든 가치관을 하나님 나라의 가치관으로 살기로 작정하고 사는 것이다. 진짜 미워할 수밖에 없는 대상도 하나님의 사랑과 능력으로 용서해주고 격려해주는 것이 바로 과격한 헌신이다. 주님께 시간과 물질을 드리는 것도 과격한 헌신일 수 있다. 그러나 진정한 과격한 헌신은 우리의 삶의 현장 속에서 하나님 나라의 가치관을 가지고 사는 것이다. 그래서 우리의 삶에는 거짓이 아니라 진리가 나타나고, 미움이 아니라 사랑이 나타나고, 용서하지 못할 것들에 대한 용서가 나타난다. 이런 삶을 살아내는 사람들, 힘들어도 성령과 동행하며 사는 사람들이 바로 과격한 헌신을 하는 사람들이다. 내 삶의 모든 것을 주님 앞에 드리고, 오로지 주님의 가치관으로 사는 것이 바로 진정한 과격한 헌신이다. 이제 우리에게 이러한 삶이 요구된다.

라이프스타일 미셔너리(Lifestyle Missionary)

요즘 광고 중 자주 눈에 띄는 카피가 있다. 바로 '라이프 스타일'이라는 문구다. 특별한 삶이 아니라 자신의 일상의 삶속에서 벌어지는 것들에 초점을 맞춘 마케팅 전략 가운데 하나이다. '라이프스타일 미셔너리'(Lifestyle Missionary)는 우리의 일상의 삶이 바로 선교사의 삶이 된다는 것을 의미한다. 가정, 학교, 직장, 사업장 등 우리 삶의 현장에서 이제는 그냥 다른 목적을 가지고 사는 것이 아니라 선교사의 사명을 가지고 살아가는 것을 의미하는 것이다.

마지막 때를 살고 있는 우리는 '선교'나 '선교사'에 대한 새로운 개념 정리를 할 필요가 있다. 우리는 지금까지 선교라고 하면 직장과 재정을 포기하고 어느 날 고국을 떠나 낯선 곳으로 떠나는 것만을 생각했다. 물론 그것도 우리가 전통적으로 가져온 선교사의 개념이다.

그러나 라이프스타일 미셔너리는 우리의 삶에 구조적이고 외적인 변화를 필요로 하는 것이 아니라 오히려 어떤 변화도 없이 평범한 일상의 삶 가운데 선교사로써 살아간다는 정체성만 가진다면 가능해진다. 일터를 생각해 볼 때 그곳에서 단순히 돈만 버는 것이 아니라 성경적인 시각으로 일터를 바라보는 순간 그곳이 바로 우리의 선교지가 된다. 나를 직장으로 보내신 이가 하나님이시며, 나를 그곳의 선교사로 세우시고 하나님 나라를 확장하게 하시는 것이다. 가정도, 학교도 모두 마찬가지다. 우리가 일하는 것은 단순히 먹고 살기 위해서가 아니라 일을 통해 하나님이 주신 문화명령에 동참하는 것이다. 그래서 우리는 하나님께서 우리에게 맡겨주신 일을 통해 어떻게 하면 하나님께 영광을 돌릴지 고민해야 한다.

물론 우리 삶의 모든 영역이 선교지이며 사역지라는 개념이 한국 교회에 없었던 것은 아니다. 다만 우리가 무시했거나 지키지 않고 살았을 뿐이다. 만약 이 땅의 1,200만 그리스도인들이 자기가 머물고 있는 직장과 가정에서 라이프스타일 미셔너리로 살았다면 아마도 지금 한국 교회의 모습은 지금과는 사뭇 달라져있었을지 모른다.

뉴 리바이벌은 능력있는 선교사 한 사람이 아니라 작은 개미 같지만 수많은 사람들이 함께 일어나 이루는 것이다. 절대 위대한 목회자 한 명의 특별한 리더십으로 이룰 수 없다. 자신이 머무는 곳을 선교지로 생각하는 사람들, 빛도 없이 이름도 없이 묵묵히 선교사적 삶을 사는 사람들을 통해 하나님은 새로운 부흥을 일으키시는 것이다.

나는 기대한다. 이런 삶의 현장에서 선교사적 삶을 살아가는 10만 명 아니 100만 명의 한국의 청소년과 청년들이 일어날 것을 꿈꾼다. 누가 이것을 감당할까? 세상이 어찌 이를 이길 수 있을까? 세상은 감당하지 못한다. 절대 '개독교'라고 교회가 세상을 향해 비판을 받을 때 주님은 오지 않는다. 한국과 열방에서 라이프스타일 미셔너리로 살아가는 청년들이 바알에게 무릎 꿇지 않고 입 맞추지 않은 7천 명처럼 일어날 때 주님은 다시 오실 것이다.

그렇다! 학생은 학교에서 열심히 공부하면서, 직장인은 회사에서 열심히 근무하면서, 주부는 가정에서 가족들을 위해 섬기면서 멋진 선교사적 삶을 살 수 있다. 선교사가 되기 위해 거대한 포기를 하는 것이 아니라 그저 삶의 가치관만 수정하면 된다. 내 삶의 현장이 선교지며, 주변의 모든 이가 선교의 대상이다. 나는 가정, 학교, 직장으로 보냄받은 하나님의 선교사라는 가치관의 확립만 있으면 된다. 이 얼마나 멋지고 상쾌한 변신이란 말인가?

PART 7

열방을 덮는 뉴 리바이벌

마지막 때

― 2006년은 내가 본격적인 개척을 준비하는 기간이었다. 매일 새벽기도회를 인도하면서 준비하던 2006년 8월, 내게 아주 특별한 일이 일어났다.

원래 나는 2001년도부터 일본 선교에 대한 비전을 가지고 있었다. 함께한 청년들에게도 "언젠가는 일본으로 선교를 갈 것"이라고 말하곤 했다. 그러나 선교사로 일본으로 갈 수 있는 몇 번의 기회가 있었지만 이상하게도 하나님은 그 때마다 길을 막으셨다. 그리고 결국 청년들을 위한 교회를 개척하게 되었다. 그러나 사직서를 내기 전까지 개척에 대한 이야기를 전혀 하지 않았기 때문에 성도들은 여전히 내가 일본 선교를 갈 것으로 생각했다. 그러던 2006년 8월, 두 명의 청년이 사무실로 나를 찾아왔다. "목사님, 꼭 보셔야할 영화가 나왔어요. 〈일본침몰〉이라는 영환데요, 꼭 보셔야 해요!" 청년들에게는 꼭 보겠다고 약속을 했다. 그런데 내 말이 미덥지 않았던지, 그 청년들은 며칠 후 아예 개봉 첫 날 상영하는 영화표를 예매해 나를 다시 찾아왔다. 나는 도망갈 곳도 없이 끌려가듯 강남 코엑스의 한 영화관에서 보게 됐다.

일본에 화산이 분화하면서 지진이 일어나 일본 전체가 침몰하는 위기에서 한 청년이 바다 밑에서 폭탄을 사용해 지각을 끊어 침몰을 멈추게 한다는 것이 영화 〈일본침몰〉의 대략적인 스토리다.

영화의 장면은 끔찍했다. 도쿄 타워가 무너지고 거대한 불상이 쓰러졌다. 집들은 흔적없이 사라졌고 일본 전역이 아수라장이 되었다. 실제 장면같은 느낌을 받을 만큼 컴퓨터 그래픽으로 처리된 영화 장면들이 사실적으로 표현된 영화였다. 드디어 영화가 끝이 나고 관객들이 모두 밖으로 빠져 나갈 때였다. 그때였다. 나도 일어나 나오려고 하는데 하나님께서 내 마음속에 말씀하시기 시작했다. "창호야 일본이 침몰하고 있는 것이 아니라 지구가 침몰하고 있단다" 그 음성을 들은 나는 갑자기 울음을 터뜨렸다. 1995년 필리핀으로 선교를 떠났을 때 아무도 관심을 가지지 않는 한 영혼을 바라보며 나는 이렇게 울음을 터트렸었다. 나는 그때의 울음을 나를 통해 하나님 아버지께서 우셨다고 생각했다. 그때 이후로 십여 년이 지난 지금 하나님은 다시한번 나를 통해 울고 계셨다. 침몰하는 지구와 그 속에서 고통스럽게 죽어가는 영혼들을 바라보며 우시는 것이었다. 내 배 밑에서 아주 깊은 곳에서부터 통곡이 나오는데 그냥 흐느낌이 아니라 절규하듯이 울었다. 내 힘으로 참을 수가 없었고 주위 사람의 눈치를 볼 겨를도 없었다. 얼마나 울었는지 모르겠다. 아마 한 20분 정도 운 것 같다. 간신히 눈물을 참고 일어나니 함께 온 청년들이 나를 데리고 화장실로 데려갔다. 나는 세수를 하고 귀퉁이에서 또 울기 시작했다. 도저히 참을 수 없었다. 그렇게 울고 또 세수를 하고 교회까지 가는 차 조수석에 앉아 또 다시 울기 시작했다.

그 사건 이후 내 눈에는 이런 뉴스가 눈에 들어오기 시작했다. 한 일간신문에는 다음과 같은 기사가 실렸다. 미국의 한 컴퓨터 회사 사장의 말이었다. "앞으로 30년 후면 컴퓨터 CPU의 속도는 지금의 100만 배가 될 것이다. 그렇게 되면 컴퓨터는 인간의 통제 밖으로 나가고 인간은 그 컴퓨터에 의해서 멸망을 당할 것이다"

어떤 기상학자는 이런 말을 했다. "앞으로 20-30년 후에는 기상 이변이 정도가 아닌 기상 대재앙이 있을 것이다" 또 다른 미생물학자는 다음과 같이 이야기 했다. "앞으로 호흡기 전염병으로 지구상의 많은 사람들이 위험에 처할 것이다"

그 외에도 인간 복제문제나 핵 문제 등 세계가 당면한 전지구적 위험이 나에게는 강력한 경고로 와 닿았다. 마치 주님이 이 땅에 다시 오실 날이 얼마 남지 않았다는 메시지로 받아들여졌다. 성경은 직선적인 역사관을 말한다. 시작이 있으면 끝이 있는 것이다. 그 끝은 주님이 이 땅에 다시 오실 때 이루어질 것이다. 그 때가 점점 다가오고 있다. 예수님은 제자들에게 그 정확한 때는 하나님 아버지만 아신다고 말씀하셨다. 그러나 우리가 그때를 준비하고 깨어있어야 한다고 말씀하셨다.

깨어있어야 할 때이다. 성경에 많은 마지막 때 예언들과 징조들이 하나씩 현실로 이루어지고 있기 때문이다. 10년 가까이 되어가는 지금도 나는 그날의 그 눈물을 잊을 수 없다.

한국과 중국, 일본의 연합

— 2014년 6월 3일 뉴 리바이벌을 듣고 난 후 2달이 지난 8월 하순에 나는 우리 교회 찬양팀과 선교팀과 함께 일본 삿포로에 갔다. 원래는 찬양팀 8명만으로 단출하게 갈 계획이었다가 30명이라는 대인원이 함께 하게 됐다. 넘치는교회를 개척하고 가장 많은 인원이 해외로 나간 일종의 기념적인 사건이었다. 삿포로의 한 교회에서 찬양팀과 함께 토요일과 주일 이틀동안 집회를 하고 월요일과 화요일은 한 일본 교회에서 열린 집회에 참석했다. 그 집회는 한 교회의 성도가 모인 것이 아니라 오키나와부터 홋카이도까지 일본 전역에서 참가한 수많은 젊은 목회자들과 성도들이 참석했다. 그런데 그 집회를 통해 하나님은 내게 '이것이야말로 뉴 리바이벌의 한 모습'이라는 감동을 주셨다.

일본 땅에서 리바이벌이 일어났다고 하면 누구도 인정하지 않을지도 모른다. 일본은 아직도 주일 출석률이 채 1%도 되지않는 선교를 받아야할 나라이기 때문이다. 그래서 일본에 부흥이 있을 것이라고하면 대개의 사람들은 코웃음을 치고 인정하지 않는다. 하나님은 그래서 이것이 뉴 리바이벌이란 감동을 주셨다. 그리고 그 자리에서 뉴 리바이벌이라는 핵심가치에 대한 감동을 주셨다.

한국과 중국, 일본은 과거부터 하나가 될 수 없는 슬픈 역사적 배경을 가지고 있다. 특히 한국과 중국은 일본이 저지른 과거의 잔인한 침략 때문에 수많은 사람이 희생 당했고 한국과 중국은 그 아픔 속에 있다. 그러나 가해 당사자인 일본은 여전히 인정하지 않거나 모르쇠로 일관하고 있다. 이러한 갈등이 세 나라가 하나되는 것을 어렵게 하고 있는 것이다.

그러나 영적인 구도에서 한국과 중국, 일본을 바라본다면 한중일의 연합은 상당히 중요한 의미를 가지고 있다. 나는 개인적으로 아직 1%도 되지 않는 일본을 그냥 무시하고 주님이 오실거라 믿지 않는다. 한번쯤은 일본에 부흥이 있을 것이며 많은 영혼들이 구원을 받았으면 좋겠다는 마음을 가지고 있다. 한국은 놀랄만한 부흥을 이뤄 전 국민의 4명중 1명이 그리스도인이란 상황을 경험했다. 그렇다면 일본도 부흥에 대한 가능성이 열려있다는 것은 너무나 당연한 예상이다.

중국 역시 마찬가지다. 중국은 지금 선교적으로 매우 중요한 위치에 있다. 주님이 오시기 전 복음이 들어가야 할 곳은 힌두권, 불교권, 이슬람권이 있다. 세 곳 모두 중국과 인접해 있다. 이미 중국은 성도만 일억 명이 넘는 거대한 기독교 국가가 되어 있다. 통제와 압박 가운데서도 지금도 어마어마한 부흥이 일어나고 있다. 죽음을 두려워하지 않고 복음을 전하는 강인함이 중국 그리스도인들에게 있다. 나는 이렇게 생각한다. 일본에서 일어난 뉴 리바이벌이 한국과 북한, 그리고 중국으로 연결되고 그 힘으로 마지막 추수지역인 힌두권, 불교권, 이슬람권을 복음화 시킬 것이라고 말이다. 그래서 한국과 중국, 일본의 연합이 중요하다.

시대 분별

― 시대를 읽을 수 있는 능력은 말세지말을 살고 있는 우리에게 가장 요구되는 중요한 요소이다. 우리는 계절이 바뀌면 입던 옷을 갈아 입는다. 미리 다가올 계절에 맞는 옷을 장만하고 준비하기도 한다. 예전에는 겨울이 다가올 때 모든 가정에서 빠짐없이 하는 일이 있었다. 그것은 김장을 하고 연탄을 들여 놓는 것이었다. 이 두 가지가 끝나면 그해 겨울을 보낼 준비가 다 끝난 것

같았다. 오죽하면 서로 인사할 때 '김장 하셨어요?'라고 묻기도 했다. 하물며 우리가 입는 옷과 난방을 위해서도 미리 미리 준비하는데 다가올 시대를 준비하는 것은 당연한 것이 아닌가? 우리에게 요구되는 것이 바로 시대를 읽을 수 있는 눈이다. 예수님도 바리새인들과 사두개인들에게 시대의 표적을 분별하지 못함을 책망하셨다(마 16:1-4).

서로 주고받는 인사 중에 "행복하세요"라는 말이 있다. 너무 듣기에 아름답고 좋은 말이다. 이 세상에 행복하길 원하지 않는 사람이 누가 있겠는가? 그러나 이제 단순하게 "행복하세요"라고 말하는 것으로는 진정한 행복을 찾을 수 없는 시대가 왔다. 이제는 때가 많이 바뀌어 가고 있다. 그것도 주님이 이 땅에 다시 올 날이 얼마 남지 않은 느낌을 주고 있다. 물론 그 날이 앞으로 백년이 걸릴지, 천년이 걸릴지는 오직 아버지 하나님만이 알고 계신다고 성경은 말한다. 그럼에도 분명한 것은 어제보다는 오늘 종말이 하루 더 가까워졌다는 것이다. 모두가 지금이 말세지말이라고 이야기를 하고 있다(딤후 3:1-5). 이미 세상 사람들도 지구의 종말을 이야기 하고 있지 않은가?

이제 우리에게 시대를 분별하는 분별력이 요구되는 시기가 왔다. 주님은 그날이 도적같이 임한다고 하셨다(마 24:42-44). 창조한 이 세상을 보이지 않는 손으로 이끄시는 하나님의 섭리를 성경이라는 틀을 통해 읽을 수 있어야 한다. 이렇게 시대를 읽을 수 있는 분별력이 생겨, 깨어 있을 때(마 25:13) 진정한 행복을 누릴 수가 있고 무엇보다도 다시 오실 주님을 맞이할 수 있을 것이다.

이제 더 늦기 전에 우리 모두가 진지하게 반성하며 고민해야 할 때이다. 어느 한 교회 만의 부흥이 하나님 나라 안에서 어떤 의미를 가질까? 내 교회가 부흥하는 동안 수천 개의 교회가 문을 닫는 현실을 눈 감아버린다면 그것은 올바른 신앙이라고 할 수 없다. 한국 교회는 이제 그만 성장이라는 병에서 깨어나야 한다. 끌어 모으는 목회에서 탈피해야 한다. 이기적이고 기복적인 신앙에서 벗어나야 한다. 지금이 '예수천당, 불신지옥'을 외쳐야 하는 구한말 시대가 아니지 않은가 말이다. 시대를 분별해야 한다. 그래서 이 시대에 맞는 전략이 무엇이고 문제가 무엇인지 분별할 수 있어야 한다. 지금 우리는 하나님 관심이 어디 있는지 알아야 한다. 그 길만이 우리가 마지막 때에 하나님께 쓰임 받을 수 있는 유일한 길일 것이다.

하나의 지구, 하나의 교회

━ 지금은 글로벌 시대다. 어느 누구도 부인할 수 없는 확실한

글로벌 시대다. 나는 목사가 되기 전에 4-5년 정도 직장생활을 했다. 1980년도 말이었고 그 당시가 생각이 난다. 개인용 PC는 아주 특별한 경우에만 가지고 있었고 회사에 운전면허가 있는 사람이 들어오면 유능하다며 좋아했던 기억이 있다. 또한 특별한 부서나 업종을 빼고는 굳이 영어회화 능력이 필요 없었다. 굳이 영어가 필요하다면 그것은 회사 내에 진급 시험 때문이었다. 당시 내가 다니던 직장은 '인화'를 강조했고, 그래서 신입 사원이 훈련받는 곳도 '인화원'이라고 불렀다. 회사는 가족 같은 분위기를 강조했고 한번 들어가면 평생직장이 보장받는 분위기였다.

그러나 이제는 전혀 상상할 수 없는 시대가 왔다. 물론 내가 다녔던 회사도 이젠 가족 같은 분위기를 포기한 지 오래다. 이제는 전 세계적인 경쟁을 해야 하기 때문에 가족같은 분위기로는 생존경쟁에서 살아남을 수 없게 됐다. 전 세계가 하나가 되었고 형식적인 국경만 남아 있을 뿐이지 실제적인 국경의 의미는 사라진지 오래 되었다.

안산에는 또 하나의 넘치는교회가 있다. 그 교회는 우리처럼 청년 선교를 목표로 하는 교회가 아니라 외국인 노동자를 위한 교회다. 한 통계에 따르면 우리나라에 들어와 있는 외국인의 출신 국가를 살펴보면 206개국에 달한다고 한다. 이것이 의미하는 것은 무엇일까? 예전에는 아메리칸 드림을 찾아 수많은 사람들이 미국을 향했다면 지금 한국에 와 있는 외국인들 특히 외국인 노동자들은 코리안 드림을 찾아온 것이다. 안산 넘치는교회를 담임하고 있는 폴 김 목사는 코리안 드림을 찾아 한국까지 찾아온 외국인 노동자들의 손을 잡아주고 복음을 전해 자신들이 태어난 나라로 역 파송하는 사명을 가지고 있다. 전략적인 목회를 하는 것이다.

우리는 그동안 한국이 단일민족임을 강조해 왔다. 그러나 이제는 다민족 국가, 다민족 사회로 가고 있다. 그런 시대적인 상황에 맞춰 교회도 당연히 변화해야 한다. 주님이 오시기 전 지구상의 교회들은 유기체적인 연합이 필요하다. 하나님의 큰 그림을 어느 한 교회, 한 개인이 감당하기엔 벅차다. 그래서 교회는 연합해야 하며 연합할 때 하나님의 큰 그림을 희미하게나마 우리는 엿볼 수 있게 된다.

뉴 리바이벌은 다가올 것이다. 우리가 상상한 리바이벌이 아니라 마지막을 위해 하나님이 예비한 뉴 리바이벌이다. 이 뉴 리바이벌은 어느 한 나라의 사건으로 끝나는 것이 아니라 이미 하나가 된 지구촌의 전 세계적인 부흥으로 연결될 것이다.

3부

라이프스타일 미셔너리 (Lifestyle Missionary)

PART 8

교회의 부르심

교회의 본질적 사명

— 교회의 존재 목적을 설명할 때 사람들은 여러가지를 이야기한다. 그러나 그것을 간략하게 표현하자면 대략 3가지 정도로 압축할 수 있다. 첫째는, 하나님을 향해서 예배를 드리는 것이며 둘째는, 성도를 제자훈련 시키는 것이며 셋째는, 세상을 향해서 선교하는 것이다.

한국은 기독교가 전래되어 온 후에 몇 차례 부흥을 거쳐 전 세계에서 보기 드문 엄청나게 빠른 속도의 부흥을 이루어냈다. 그래서 가장 최고조에 달했을 때, 전체 인구 중 25%가 그리스도인이 되었다. 성도들의 전도 열기는 뜨거웠고, 문을 여는 교회마다 놀라운 부흥을 경험했다. 여기저기에 멋진 교회들이 건축되었고 성도들은 새벽부터 열심히 기도하고 일하며 수많은 성전 건축을 이루어냈다. 선교에도 엄청난 열정이 있었다. 성도들은 오지의 선교지로 나가는 선교사님들을 위해 재정을 후원했다. 선교지에 세워진 교회들과 구원받는 하나님의 백성들로 인해 큰 기쁨을 누리며 '보내는 선교사'라는 긍지를 가지고 열심히 신앙 생활을 해왔다. 그런 열정으로 지속되어진 선교의 결과로 불과 몇 년 전만 해도 단일 국가 선교사 파송 규모로는 전 세계 2위이자 인구 대비 파송 선교사 숫자로는 세계 최고의 선교 대국이 되었다.

그러나 우리가 잊지 말아야 할 것은 '모이는 교회'의 개념뿐만 아니라 '보내는 교회'에 대한 개념이다. 사도 베드로를 통해 하나님께서는 교회에 대한 명확한 본질적인 정의를 내려 주셨다.

> "그러나 너희는 택하신 족속이요 왕 같은 제사장들이요 거룩한 나라요 그의 소유된 백성이니 이는 너희를 어두운 데서 불러 내어 그의 기이한 빛에 들어가게 하신이의 아름다운 덕을 선포하게 하려 하심이라" (벧전 2:9)

정체성은 모든 삶의 근본이 된다. 하나님께서는 교회가 무엇인지를 정확하게 두 가지로 표현해 주신다. 첫째는 주님 안에서 새롭게 변화된 피조물로서의 교회가 택하신 족속이요, 왕 같은 제사장이요, 거룩한 나라, 하나님의 소유된 백성이라고 말씀하시면서 너희들을 세상에서 거룩하게 불러 낸 이유는 바로 하나님의 아름다운 덕을 선전하게 하려 하심이라고 말씀하신다. 교회의 본질적 부르심, 사명이 바로 선교라는 것이다. 선교가 교회의 어떤 프로그램 중에 하나를 차지하는 것이 아니라 교회의 본질 자체가 바로 선교에의 부르심, 한 마디로 교회는 선교를 위해 존재한다는 것이다.

우리가 그토록 관심갖고 있는 교회의 성장과 번영은 교회의 본질과는 그리 상관이 없다. 예수님께서는 이 땅에 오셔서 하나님 나라에 대해 말씀하셨고, 그 나라를 이 땅에 시작하셨으며 성도들이 하나님 나라를 살아갈 수 있는 성령님을 성부와 함께 보내 주셨다. 또한 하나 더 중요한 것은 바로 이 땅에 예수님이 가르치신 것들을 이루실 교회를 탄생하게 하셨다는 것이다. 자신의 가르침만 남겨 놓고 가겠다는 생각을 하지 않으신 것이 분명하다. 그분이 하신 일은 하나님 나라의 비밀을 전달할 한 공동체를 준비시키시는 것이었다. 예수님께서 이 땅에 오셔서 열어 놓으신 하나님 나라, 그리고 성도의 선교의 본격적인 시작을 오순절 마가다락방에서 성령을 받은 교회에게 위임하신 것이다. 그래서 복음서와 사도행전에는 제자들에게 땅 끝까지 끊임없이 복음을 전파할 것을 가르치시고 있다(마 28:18-20, 막 16:15-16, 눅 24:48-50, 요 20:21-23, 행 1:8).

교회를 정의할 때 우리는 세상으로부터 '예수의 이름으로 모인 공동체'라는 의미로 불림 받았다. 그러나 이와 함께 반드시 우리가 생각해야만 되는 교회의 본질은 '세상으로 보냄받은 공동체'라는 것을 절대로 잊으면 안 된다. 이 두 본질적 개념이 다 강조되어야만 하나님께서 원하시는 건강한 공동체의 모습을 보여줄 수 있는 것이다. 그런 의미에서 교회의 본질적 사명은 '선교'가 되는 것이다.

선교의 가치 전환 필요

— 불과 몇 년 사이 한국 교회의 상황은 180도 변했다. 인구대비 세계 최고의 선교사를 파송하였으며 아직도 많은 선교사들이 전 세계를 누비며 주님의 이름을 높이며 영혼을 구원하고 있다. 그러나 정작 한국 교회는 너무나 '급전직하' 했고 교회의 존폐를 걱정하는 지경에 이르렀다. 교회 건물은 여전히 당당히 서있고 많은 그리스도인들이 다니고 있지만 이미 교회의 대사회에 대한 영향력은 거의 상실됐다. 심지어 이제는 조롱거리가 되버렸다. 이것이 지금 한국 교회의 현실이다. 이런 상황 속에서 하나님은 우리가 새로운 선교적 패러다임을 가지기를 원하신다. 그동안 보내는 선교사만을 생각했다면 이제는 우리 모두가 일상 속에서 선교사적인 삶을 살아내는 것이 필요한 시대가 된 것이다.

한국기독교교회협의회 90주년 기념 토론회에서 박창현 감리교신학대학교 교수는 한국에 필요한 것은 새로운 선교적 패러다임이라고 말했다. 박교수는 그것을 설명하고자 인도 선교사로 38년 동안 사역한 후 고국인 영국으로 돌아간 신학자 레슬리 뉴비긴의 이야기를 언급했다. 레슬리 뉴비긴이 자신의 사역을 마친 후 영국으로 돌아갔을 때, 영국인 이미 선교 파송국이 아닌 선교 대상국이 되어 있었다. 박창현 교수는 레슬리 뉴비긴의 심정을 이렇게 설명했다.

"뉴비긴은 영국이 '선교하는 교회'에서 '선교지보다도 이교적인 교회'로 전락한 원인을 잘못된 선교론과 교회론 탓이라고 분석했다. 교회의 본질인 선교를 '교회가 성장해서 하는 것', '여유가 있어 하는 일' 정도로 여겼다는 것이다. 또 목회와 선교를 나눠 목회자는 국내 교회를 관리하는 사람으로, 선교사는 해외에 나가는 사람들로 간주해 교회론에 대한 오해를 불러 일으켰다고 뉴비긴은 지적했다. 뉴비긴은 "영국 교회를 치유하고 세계교회의 올바른 신학을 위해 선교와 교회를 구분 짓는 잘못을 반성하고, 선교는 해외에서만 한다는 생각도 바로잡아야 한다"고 강조했다. 선교적 교회는 교회의 본질이자 성서의 핵심이라는 것이다. 즉, 교회 자체가 선교여야 한다는 말이다. 그는 교회 위기의 근본적, 구조적 문제는 구원을 개인의 영역으로 축소시키려는 병폐에서 나온다고 생각했다"[11]

2년 전, 한국 선교의 열정을 그대로 보여주신 한 선교단체의 리더를 한 모임에서 만난 적이 있다. 우리 교회의 예배에 대해 들

11) "한국교회의 세계선교 기여: 선교적 교회론의 모델로서 한국 초기 대부흥 운동", 〈한국기독교교회협의회 90주년 기념 토론회〉, 감리교신학대학원대학교 박창현 교수, 2014년 9월 15일.

어보셨는지 이런 저런 이야기를 하시다가 내게 이런 질문을 던졌다. "예배를 그렇게 열심히 드리는 목사님의 교회가 선교는 어떻게 감당하십니까? 지금까지 몇 명의 선교사를 파송하셨나요?"

나는 그 질문에 말문이 막혀 버렸다. 나는 가는 선교도 중요하지만 이제는 다른 관점이 필요하다고 생각한다. 보내기만 하다가 오히려 선교지가 되버린 한국 교회를 심각하게 돌아봐야 한다. 따로 선교지가 존재하는 것이 아니라 바로 내가 있는 곳이 선교지며 땅끝이라는 개념이 필요한 때가 되었다.

지금도 동성애 문제로 온 세계가 홍역을 앓고 있고, 한국에도 점점 거세지는 소위 인권이라는 것으로 표현되는 동성애의 문제가 한국 교회를 선교지로 만드는 대표적인 사건의 하나라는 생각이 든다. 이런 시대에 선교에 관한 새로운 성경적 관점이 우리 모두에게 필요한 것이다.

우리의 원초적인 부르심은 선교사다.

교회의 본질적 사명에서도 살펴본 바와 같이 오늘날 두 종류의 교회가 있다. 하나는 좋은 상품과 서비스를 요구하는 소비

자들이 모여 있는 교회이고, 다른 하나는 세상으로 보냄을 받고 동시에 보내는 선교사들이 모여 있는 교회이다. 마치 유람선과 같이 계속해서 소비만 하는 '소비 중심의 교회'가 있는가 하면 전투함같이 소비 중심적이 아니라 '사명 중심적인 교회'가 있다는 것이다. 이 두 유형의 교회는 이 시대 그리스도인의 정신을 그대로 반영하고 있다.

마지막 때에는 '유람선 같은 교회'가 아니라 '전투함 같은 교회'가 필요하다. 선교사로 부르셨다는 확실한 자각이 우리에게는 필요하다. 우리 모두는 하나님의 백성으로 자녀로서 부름 받았을 때 이미 선교사로서의 부름이 포함되어 있다는 것이며 개인의 삶에서 이를 자각하며 살아가는 것은 그렇지 못한 사람들과 구별되는 삶을 살아갈 수 있는 힘이 되는 것이다.

성경은 수많은 곳에서 우리의 부르심이 이 땅 가운데 선교사적인 삶으로의 부르심이라고 수없이 이야기하고 있다. 예수님은 이 땅에 하나님이 보내신 최초의 선교사로서의 삶을 사셨고 예수님으로 말미암아 부름 받은 제자들도 예수님과 같은 선교사의 삶을 살았고, 이제 제자들을 통해 부름 받은 성도들에게도 동일한 선교사로서의 부르심이 있는 것이다. "너희는 온 천하에 다니며 만민에게 복음을 전파하라"(막 16:15)라는 말씀은 우리의 사명이 무엇인지를 분명하게 보여 주는 것이다.

예수님은 이 땅에 오셔서 하나님 나라에 대해 선포하시면서 사역을 시작하셨고(마 4:17), 부활하셔서 40일 동안 이 땅에 계시면서 마지막 사역도 하나님 나라에 대해서 제자들에게 설명을 해 주셨다(행 1:3). 바로 예수님의 가르침의 핵심은 '하나님 나라'이며 우리의 부르심은 1차적으로 그 '하나님 나라'에 사는 것이고 그렇게 사는 우리들은 2차적으로 그 '하나님 나라'를 이 땅 가운데 선포하고 알리는 것이며 확장해 나가는 것이다. 이것이 선교사로의 부르심이 아니면 무엇이겠는가? 예수님이 그의 제자들에게 세상에 나가서 복음을 외치고 제자로 삼으라고 하신 명령은 사복음서(마 28:18-20, 막 16:15-18, 눅 24:46-49, 요한복음 17:18, 20:21)에 모두 나타난다는 사실로 그 중요성이 증명된다. 이와 같이 우리 각자가 선교사라는 자각이 정말로 필요한 시대가 되었다.

PART 9

코나 이야기

레스토랑에서의 놀라움

━ 2014년 3월, 나는 찬양팀과 함께 하와이 YWAM 코나 베이스에 방문했다. 일주일 동안 찬양을 인도하기 위해서였다. 전 세계 50개국에서 모인 천여 명의 청년들과 함께 기쁨으로 하나님을 찬양했다. 일주일 동안 그곳의 젊은 리더십인 매트는 내게 여러가지 도움을 주었고 감사의 의미로 식사를 대접하기로 했다. 그리고 집회가 끝난 뒤 매트와 식사를 하기 위해 한 식당에 들렀다. 그런데 그 식당에 들어서자 40대 중반의 한 종업원이 매트를 보면서 환호를 지르며 다가와 포옹을 했다. 외국인들의 인사로서의 포옹은 알고 있지만 이번의 인사는 굉장한 반가움을 표현하는 것으로 느껴졌다. 잠시 후 그 종업원은 자신이 봉사하던 곳에서 굳이 우리가 앉은 자리로 변경해 우리를 섬겼다. 놀라운 것은 다음부터였다. 커피 한잔과 물 2잔을 시켰더니 커피 한 잔과 음료수 2잔이 나왔다. 서비스라고 했다. 놀란 나는 매트에게 훈련생이냐고 물었다. 그는 그냥 믿지 않는 사람이라고 대답하며 웃었다. 식사가 끝났고, 밥값을 계산하려고 계산서를 보는 순간 또 한번 놀랐다. 매트의 식사비는 빠져있었고, 계산서에는 두 사람의 밥값만 있었다. 잠시 후에는 시키지도 않은 디저트까지 나왔다. 봉사를 하는 내내 그 종업원은 연신 미소를 띠며 즐거

워했다. 나는 더 이상 참지 못하고 그 여 종업원과 매트라는 친구의 관계에 대해서 물어 보았다. 너랑 어떤 관계인데 테이블까지 변경하고, 시키지도 않은 음료수를 서비스로 주고, 너의 밥값은 아예 계산서에 있지도 않고 또 디저트까지… 이렇게 극진하게 대섭을 하고 서비스를 하는지가 궁금했다. 단순한 일반적인 관계는 아닌 것이 분명해 보였다. 내 질문에 매트는 그 여자 종업원과의 관계에 대해 설명하기 시작했다.

저들이 선교사가 되어야 한다.

매트가 섬기고 있는 YWAM은 자비량으로 섬기는 단체이다. 헌신하는 모든 이들이 정해진 보수를 YWAM 본부에서 받는 것이 아니라 모든 것을 후원과 자신이 조달해서 사는 자비량 선교사들이다. 그렇기 때문에 가끔 지역 교회에 가면 교인들에게 자신을 후원해 달라는 요청을 하게 된다. 매트도 그렇게 해서 사역을 하며 가정을 돌봤고 몇 년 전에도 한 교회의 예배 시간에 그런 시간을 가졌다. 여느 때와 같이 성도들에게 자신의 사역을 소개하며 자신을 후원을 요청하고 있을 때였다. 그때 하나님께서 주시는 매트의 마음에 이런 감동을 주셨다. "매트야, 너보다 저들이 불신자를 훨씬 더 자주 만난단다"

그런 감동이 있자마자 매트는 선교사로 불리는 자신들보다 저들이 더 많은 불신자를 만나고 있음을 깨닫고 자신에게 맡겨진 선교 사역을 수행하는 것보다 더 중요한 것이 저들을 선교사로 만드는 것임을 깨달았다. 선교사인 자신을 후원하며 만족해하는 저들이 진짜 선교사로 살아가야 한다는 감동이 온 것이었다. 그때부터 매트는 모두의 삶 속에서 각자가 선교사로 살아가는 것이 너무나 중요하다는 진리를 깨닫고 이제 자신도 자신의 삶 속에서 선교사로 사는 '라이프스타일 미셔너리'가 되어야 함을 결심하게 된 것이다.

그렇게 결단한 후 실천에 옮기기 위해 어느 날 원주민들만 다닌다는 해변을 일부러 찾아갔다. 외부인이 들어가면 위험할 수도 있는 곳이었다. 그런데 그곳에서 우연히 미국 로스엔젤레스시에 파도타기 대회에 참석하고 싶었지만 묵을 곳이 없어서 곤란해진 사람들의 이야기를 듣게 됐다. 매트는 그곳에 있는 친구에게 부탁해 그들의 숙식을 해결해 주었다. 매트 덕분에 꿈에도 그리는 파도타기 대회에 참석한 그들은 매트를 은인으로 여기게 됐다고 한다. 그들 중에 한 사람이 바로 그 식당에서 만난 여 종업원이었던 것이다. 그녀의 반가운 환대와 서비스는 이런 배경에서 있었다.

자초지종을 들은 나는 매트에게 음료수, 밥값, 디저트, 팁까지 듬뿍 계산해서 주자고 제안했다. 나도 그 '라이프스타일 미셔너리'의 사역에 동참하고 싶었던 것이었다. 그래서 아까 제외한 매트의 밥값과 모든 음식값을 계산해주니 그녀는 놀라서 어쩔줄 몰라했다. 그리고 두달 후에 매트는 한 가지 기쁜 소식을 가지고 한국을 방문했다. 그날 식당에서 만난 여자 종업원이 매트에게 "왜 나에게 이렇게 축복해주느냐?"고 물었고 "당신이 믿는 하나님에 대해서 한번 이야기 해달라"는 요청을 했다고 한다. 나는 그의 이야기를 듣자마자 이것이야말로 한국의 상황에 딱맞다는 확신이 들었다. 교회에 대해 나쁜 감정을 가지고 있고, 조롱하고 있는 현재의 한국 사회에서 그리스도인들이 살아야 할 태도가 바로 '라이프스타일 미셔너리'라는 것을 깨달았다.

라이프스타일 미셔너리

— 개척 초기에 함께 동역하던 분이 향수를 선물로 주셨다. 냄새가 향긋한 것이 너무 좋았다. 늘 성도들과 함께 해야 하는 나는 성도들에게 언짢은 냄새를 풍길까 늘 신경이 쓰였다. 향수를 뿌려보니 냄새도 좋고 땀 냄새도 숨길 수 있어 여러모로 나도 기분이 좋았다. 그 후로 주일마다 교회 갈 때는 늘 향수를 뿌렸다. 덕분에 엘리베이터를 타면 "어! 목사님 타셨다"라며 알아채는 청

년도 있었다. 덕분에 향수를 바꾸지 않고 같은 제품을 꾸준하게 사용했다. 그런데 청년들은 내가 쓰던 향수가 어떤 제품인지 궁금했나보다. 결국 내게 한 청년이 와서 질문을 했다.

그 질문을 듣는 순간 한 가지 생각이 내 머리를 스쳐갔다. '내게 좋은 향기가 나는 것만으로도 다가오는구나. 만약 우리가 그리스도인다운 아름다운 향기를 낸다면 사람들은 저절로 다가오겠구나!' 그렇다. 좋은 향기는 사람을 부른다. 만약 내가 그리스도인으로 좋은 향기를 풍긴다면 내 주위 사람들은 분명히 궁금해 할 것이다.

> "우리는 구원받는 자들에게나 망하는 자들에게나 하나님 앞에서 그리스도의 향기니 이 사람에게는 사망으로부터 사망에 이르는 냄새요 저 사람에게는 생명으로부터 생명에 이르는 냄새라 누가 이 일을 감당하리요" (고후 2:15-16)

이제 '예수천당, 불신지옥'을 외치던 시대는 지나갔다. 130여 년 전 기독교가 이 땅에 전래되어 들어와 아직 많은 사람들이 예수님에 대해 모를 때는 그런 전도 방법이 효과적일 수 있었다. 그러나 이제 인터넷을 통해 모든 정보가 공유되고 SNS를 통해 빠르게 전파되는 지금은 새로운 방법이 필요하다. 더욱이 이제 한국 땅에 예수님의 이름을 들어 보지 못한 사람이 과연 몇이나 있을까? 한국 갤럽에서 조사한 결과를 보면 오히려 교회에 나가지 않는 가장 큰 이유가 전도 때문이라고 한다.

시대는 변한다. 그것도 아주 빠르게 변하고 있다. 복음은 절대 바뀔 수 없지만 복음을 담는 그릇은 시대와 상황에 맞게 변화해야 한다. 우리는 향기를 흘려 보내야 한다.

'라이프스타일 미셔너리'는 교회가 게토처럼 되어 버린 지금 세대에 아주 유용한 선교 전략이 될 것이다. 선교지로 가는 선교사도 계속 필요하지만 이제는 내가 있는 이곳이 선교지라는 사실을 인지하는 것이 너무나 중요한 시대가 되었다. 나의 가정이, 우리의 직장이, 학교가 바로 내가 선교해야 할 선교지이며 나는 그곳에 선교사임을 알아야 한다.

자신이 무엇이라는 정체성으로부터 우리의 삶의 변화는 일어난다. 자신이 바보라고 생각하는 사람은 바보같이 행동할 것이다. 자신이 선교사라는 생각을 하는 사람은 선교사답게 살 것이다. 조금 더 참고, 더 사랑하고, 영혼을 구하기 위한 열정으로 살아야 한다. 우리의 그러한 삶을 통해 그리스도의 향기는 자연스럽게 흘러갈 것이다. 이것이 바로 '라이프스타일 미셔너리'이다.

PART 10

라이프스타일 미셔너리의 실제 전략

모든 곳에서

가정

"이르되 주 예수를 믿으라 그리하면 너와 네 집이 구원을 받으리라 하고" (행 16:31)

가정은 우리가 라이프스타일 미셔너리로 살아야만 하는 가장 기본이 되는 장소이다. 우리가 예수님을 믿을 때 가정의 변화를 하나님은 계획하고 있는 것이다. 그렇기에 어느 한 사람이 예수를 믿었을 때 그 안에는 이미 그 사람을 통한 가족의 구원을 하나님은 가지고 계신 것이다. 바로 그 가정의 선교사로서 하나님은 그 믿는 자를 파송한 것이다. 그렇기 때문에 가정은 가장 가까이에 있는 선교지다. 루터는 자신의 가정을 '나의 작은 교구'라고 불렀다. 오순절 설교에서 베드로는 "이 약속은 너희와 너희 자녀와 모든 먼 데 사람 곧 주 우리 하나님이 얼마든지 부르시는 자들에게 하신 것이라"고 선언했다(행 2:39). 따라서 하나님께서 인간에게 주신 대위임령은 선교와 교회뿐만 아니라, 가정에서 세대를 이어 하나님의 언약적 축복이 부모에게서 자녀에게로 이어지는 사명을 감당해야 하는 것이다.

가정은 하나님이 창조하신 공동체로 독특한 유대 관계를 유지하고 있다. 물론 이 독특한 유대 관계가 예수님을 영접하게 하는데 전부 다 긍정적으로만 작용하는 것은 아니다. 예수님도 고향에서는 기적을 행하시지 않았던 사건을 통해서도 알 수 있다(마 13:53-58). 그럼에도 우리가 가정을 우리의 선교지로 생각해야 하는 것은 바로 하나님의 뜻이고 또한 자기의 가족 구성원을 놓고 하는 중보기도처럼 간절한 기도가 어디 있겠는가?

가정의 선교사로 우리가 살아갈 때 꼭 기억해야 할 행동지침 같은 하나님의 말씀이 있다. 바로 에베소서 6장 1-4절 말씀이다. 이를 부모와 자녀로서 구분지어서 생각해 보자.

1. 부모의 의무

1) "너희 자녀를 노엽게 하지 말고"

부모가 가진 힘을 가지고 자녀들의 마음을 힘들게 할 때 자녀는 가정에서 어려운 삶을 살고 지지받고 사랑 받아야 할 부모로부터 받은 그 상처는 평생의 씻지 못하는 깊은 상처가 되고 만다. 그래서 깨어진 가정이 되면 부모는 더 이상 주님이 원하시는 선교사의 삶을 살 수가 없는 것이다. 자녀는 사랑받아야만 하는 대상이다. 말라기서에 있는 것처럼 아비의 마음이 자녀에게로 잘 이어져야 하는 것이다(말 4:6).

2) "오직 주의 교훈과 훈계로 양육하라"

부모는 자녀를 교훈하며 키워야 할 의무가 있다. 그러나 그 양육의 방법이 자신의 논리나 기분 따라 할 때 자녀는 상처를 받고 올바른 가정교육이 될 수 없는 것이다. 자녀를 가르치는 오직 한 기준은 바로 성경의 말씀 따라 본이 되고 인도해 주어야 한다. 그런 부모를 보고 자녀는 사랑의 하나님을 만날 수가 있는 것이다.

2. 자녀의 의무

1) "너희 부모에게 순종하라"

가정에서 믿지 않는 부모들을 위해 자녀가 선교사로서의 삶을 살기 위해서는 역시 가장 중요한 것은 부모에게 순종하는 것이다. 그것은 이 시대의 절대 진리를 부정하고 권위를 부인하는 포스트모더니즘의 사상을 따르지 말고 하나님의 뜻이 무엇인지 분별해야 하는 최고의 길이다(롬 12:1-2). 부모가 옳지 못한 경우에도 무조건 반항하는 것보다는 지혜를 가지고 기도하며 순종의 모습을 보일 때 믿지 않는 부모는 자녀를 통해 하나님을 만날 수 있게 되는 것이다.

2) "네 아버지와 어머니를 공경하라"

부모에게 순종함과 함께 자신을 낳아 주신 부모를 마음을 다해 진심으로 잘 섬겨야 된다. 이렇게 자녀의 마음이 아비에게로 향할 때 하나님의 영광이 드러나게 되는 것이다(말 4:6). 특별히 말세에는 부모를 거역하는 시대적인 흐름 가운데(딤후 3:2) 연로하신 부모를 잘 공경하는 것은 평생을 자녀를 위해 살아 온 부모에게 큰 감동과 기쁨이 되며 자녀는 가정에서 최고의 선교사가 될 수 있다

학교

청소년들과 청년들은 많은 시간을 학교에서 보낸다. 학업을 위해 학교에 머무는 시간이 길고 함께 있는 친구들과 상당히 유착이 큰 친분 관계를 유지할 수 있는 시기다. 그렇기 때문에 학교는 청소년과 청년들에게 아주 좋은 선교의 장이 된다. 실제로 구원받은 시기를 조사했을 때 대부분 십대에 학교에서 친구를 통해 교회를 가게 되어 구원을 받았다는 응답이 많다고 한다. 처음 교회를 방문한 시기도 학창시절이라고 대답하는 사람들이 상당히 많다. 십대 때의 친구들과 어떤 관계를 맺었는지는 졸업 후 성인이 된 후에도 굉장히 큰 영향을 형성하게 된다.

지금도 많은 청소년과 청년들이 친구의 전도를 받아 교회를 방문하는 사례가 많다. 청소년 시기는 또래 집단의 영향력이 상당히 큰 시기다. 부모보다는 친구들의 영향력이 더 크기 때문에

학교는 믿는 자들이 선교사로서의 삶을 살아 갈 수 있는 최고의 장이 될 수 있다. 요즘 한국 사회는 대학교마다 전도 금지를 학칙으로 규정하거나 총학생회장 선거에서 이것을 공약으로 내걸 정도로 정도로 반 기독교적 정서가 강하다. 이럴 때 일수록 삶으로서 선교사의 삶을 살아내는 라이프스타일 미셔너리는 전도의 문이 닫힌 한국의 캠퍼스에서 빛을 발할 수 있다.

일터

직장과 사업장은 우리의 인생에 있어서 학교를 졸업한 후에 가정과 함께 가장 많은 시간을 보내는 곳이 된다. 오히려 가정보다도 일터에서 보내는 시간이 더 많은 것이 우리의 현실이다. 이런 일터 또한 라이프스타일 미셔너리가 활동할 수 있는 최고의 장이 된다. 그럼에도 불구하고 하나님 나라의 개념에 익숙하지 않은 많은 그리스도인들이 이원론적인 삶을 살면서 많은 기회를 놓쳐 버리는 것이 아쉽게도 또한 일터인 것이다. 지금 일터는 우리가 회복해야 할 가장 중요한 선교지 임에 틀림없다.

우리가 참된 예배자라면 주일 드리는 회중예배의 성공으로 그치는 것이 아니라 많은 시간을 보내는 삶의 현장인 직장에서 성공한 예배자의 모습이 나타나게 되어 있다. 그럼에도 얼마나 많은 크리스천이 자신의 일터에서 본이 되지 못하는 삶으로 인해 너무나 좋은 선교의 현장을 잃어버리고 있다. 바로 이원론적인 삶을 극복하는 것이 일터에서 라이프스타일 미셔너리로 살아가는데 가장 중요한 요소가 될 것이다.

한국 교회의 많은 문제 가운데 한 가지는 바로 구원만 받으면 모든 것이 해결되었다고 생각하는 사람이 많다는 점이다. 예수님께서 이 땅에 오셔서 하신 일을 두 가지로 구분해보면 '하나님 나라의 선포'와 '성령을 보내심' 두 가지로 압축할 수 있다. 예수님의 첫 강조점은 자신이 열어 놓으신 하나님 나라가 도래했음을 알리시는 것이었고 부활 후에 40일 동안 이 땅에 계시면서 제자들에게 하나님 나라에 대해서 가르치셨던 것(행 1:3)을 우리는 성경을 통해서 알 수 있다. 그리고 두 번째는 그 하나님 나라를 살 수 있는 또 다른 보혜사인 성령님을 우리에게 보내주셨다(요 16:7, 행 2:1-4). 그 성령님과 동행하면서 그 능력으로 하나님 나라를 살기를 원하시는 것이다. 이것이 우리에게 주어진 그리스도인으로서의 마땅한 삶이 아닌가? 그럼에도 오직 구원만 받으면 된다는 가르침으로 인해 성도들은 이원론적인 삶을 살기도 한다. 교회에서는 천사같은 삶을 살지만 더 많은 시간을 보내는 일터에서는 믿지 않는 자들과 똑같이 함께 어울린다. 하나님 나라의 삶을 살지 못하는 것이다. 그렇기에 최고의 선교지인 일터가 우리의 선교지가 아닌 단순하게 돈만 벌수 있는 곳으로 전락해 버렸다. 그래도 뭔가 하려고 일터에서 종교적 열심으로 살려고 노력하지만, 오히려 역효과가 나타나 오히려 격리된 신앙인이 되는경우를 쉽게 본다.

성경의 다니엘의 삶을 보면 우리는 어떻게 세상에서 그들과 호흡할 수 있는지 배울 수가 있다. 다니엘과 세 친구는 그들과 함께했지만 구별된 삶을 살았다. 함께 살았지만 격리되지 않고 다른 삶을 살았다. 하나님에 대한 신실한 믿음은 그들이 세상 속에 있지만 세상의 탁류에 동화되지 않으면서도 그들 속에서 생명력을 유지하는 것이다.

우리 모두는 예수님께서 이 땅에 오셔서 선포하고 가르치신 하나님 나라에 대한 분명한 개념을 알아야 하고 그 나라를 살 수 있는 성령님과의 동행에 대해서도 잘 숙지해야 한다. 선교는 그리스도인들이 사회적인 영역에서 정의와 평화를 위해 헌신하는 것이 자연스러운 것이 되어야 함을 의미한다. 그럴 때 우리는 이원론적인 삶을 극복하고 일터를 최고의 선교지로 회복시킬 수 있을 것이다. 구원이 끝이 아니라 구원은 하나님 나라에 살도록 우리를 초청해 그 나라의 문 앞에 세워둔 역할을 함을 알아야 한다. 우리의 사명은 언제나 교회를 넘어서야 한다. '모이는 교회'로 만이 아니라 '세상으로 보냄 받은 교회'로서 지역과 세상을 향해야 한다. 그래서 우리가 서 있는 모든 장소를 우리의 선교지로, 우리는 그곳에 파송 받은 선교사라는 사명감을 가지고 라이프스타일 미셔너리로 살아가야 한다.

모든 상황 속에서

— 하나님의 나라는 이해하기 쉽지 않은 개념이지만, 그것이 예수님의 가르침과 설교의 핵심 주제였음을 의심하는 사람은 아무도 없다. 예수님은 이 땅에 오셔서 가장 먼저 천국에 대해 선포하셨고 부활 후에도 40일 동안 제자들에게 하나님 나라에 대해 가르치셨다. 신약 성경은 하나님 나라의 통치가 예수님의 생애를 통해 인간의 역사 속으로 들어왔으며 그 다스림의 은총을 사람들에게 선사했다고 분명히 선언했다. 따라서 모든 장소의 경우와 같이 하나님 나라는 모든 상황 속에서도 전파되고 확장되어야 하는 것이다. 우리는 모든 상황 속에서도 라이프스타일 미셔너리로 살아야만 하는 것이다.

사도 바울은 디모데에게 때를 얻든지 못 얻든지 항상 말씀을 전파하는데 힘쓰라고 권면했다(딤후 4:2). 이는 말세지말을 살고 있는 우리 모두에게 주시는 하나님의 말씀임에 틀림없다. 시간, 장소, 환경, 모든 상황이 라이프스타일 미셔너리로 살아가야 하는 삶의 현장이 된다. 특별한 때, 장소, 상황만이 아니라 우리가 하나님의 백성으로 숨 쉬고 살아가는 모든 순간들이, 모든 상황들이 우리에게 선교사로서의 삶으로 열려져 있는 것이다. 복음을 전하는데 뭐가 문제가 되는가? 물론 지혜가 있어야 하지만 우리 모두는 어디서든지 그리스도의 향기(고후 2:14-16)가 되어야 한다고 성경은 분명하게 말씀하고 있다. 우리에게 필요한 것은 나의 능력이 아니라 이 땅의 수많은 영혼들을 살리기를 원하시는 하나님 아버지의 마음이 있어야 하는 것이다. 그 마음이 있을 때 하나님은 우리에게 향기를 발할 수 있도록 도와주시고 구원받을 영혼들을 보내 주시는 것이다.

은밀하고 끈기 있게

— 한국은 지금 모든 믿지 않는 사람들이 안티 기독교화되었다고 해도 과언이 아니다. 영적인 여러가지 이유가 있지만 여하튼 교회가 게토처럼 되어 버린 것이 현재의 실정이다. 아마도 이런 추세는 시간이 지나며 말세지말로 갈수록 전 세계적인 현상이 될 것이라 생각한다. 그리고 주님이 오셔서 회복시키실 것이고 우리는 그 주님의 재림 때까지 각자의 영역에서 주신 사명을

감당해야 하는 것이다(계 2:26). 영혼도 구원하고 이 땅이 하나님의 창조 계획대로 이끌리어 가도록 최선을 다해야 할 것이다. 이런 상황 속에서 우리가 라이프스타일 미셔너리로 살기 위한 전략은 무엇일까? 여전히 길거리에서 '예수 천당, 불신 지옥'을 외쳐야 하는 것인가? 아파트마다 문을 두드리면서 예수님을 믿으라고 권면하고, 출근 길 복잡한 지하철 속을 헤집고 다니면서 피곤에 지쳐있는 그들의 잠을 깨우며 듣든지 말든지 그들에게 복음을 전해야 하는 것인가?

어떤 일에 있어서든지 우리는 목적이 있으면 목표가 있어야 하고 그것을 이룰 수 있는 뚜렷한 전략이 필요하게 된다. 영혼구원이라는 목적이야 변화될 수 없는 우리의 사명이지만 이를 이루어 갈 전략은 변화될 수 없는 것이 아니라 시대에 따라 변화될 수 있어야 한다. 그래야 전략으로서의 가치가 있는 것이 아닌가? 그렇다면 지금의 한국적 상황에서 영혼구원의 목적을 이룰 수 있는 라이프스타일 미셔너리의 전략은 무엇일까?

은밀하게

이제는 한국뿐 아니라 오지 지역을 제외하고는 다 어느 정도의 기독교에 관한 지식이 있다. 앞으로 전 세계가 와이파이를 사용하는 무선인터넷 시대가 오게 되면 이런 상황은 더 확산될 것이다.

기독교가 전래되는 초기에는 드러내 놓고 복음을 전하는 전략이 아주 필요하다. 마치 한국에서 기독교가 처음 들어올 때 '예수 천당, 불신 지옥'을 외쳤던 것과 같다. 그러나 기독교가 전래되어 들어와 그 사회가 기독교가 왕성하게 전파되고 마치 후기 기독교 사회와 같은 현상이 나타나게 되면 이제는 과거의 방법에서 벗어나 색다른 복음전파의 전략이 필요하게 되는 것이다. "우리는 구원 받는 자들에게나 망하는 자들에게나 하나님 앞에서 그리스도의 향기니"(고후 2:15)의 말씀처럼 은밀하게 그리스도의 향기를 내는 전략이 아주 필요하게 된다.

지금 한국의 상황에서 '은밀하게'의 전략은 상당히 효과적이고 요구되는 전략이다. 물론 지금도 출근길 전철 안에서 길거리에서 복음을 전해도 구원받은 자들에게 역사하시는 성령님은 우리의 전략과 상관없이 역사하실 것이다. 그럼에도 이제 우리에게 '은밀하게'라는 전략으로 향기를 내는 것이 필요한 것은 지금 한국의 상황에 기인한다. 현재 한국의 대부분의 불신자들은 거의 전부가 안티 기독교인이다. 그 이유는 여러 가지가 있지만 그 모든 상황의 바닥에는 마지막 때의 대추수를 향한 강력한 영적 전쟁이 있는 것이다. 이와 같은 상황 속에서 과거처럼 똑같이 복음을 전하는 것은 많은 불신자들에게 거부감을 일으키는 것이다. 한국 갤럽의 2014년 조사의 통계를 보면 불신자들이 기독교인들에게 비호감이 되는 가장 강력한 이유는 예의 없는 믿음의 강요다. 또한 개신교인에 대한 건의 사항에서 가장 큰 문제점으로 지적된 것은 '지나친 전도 활동'으로 통계되었다.

포스트모더니즘의 현대 사회에서 지금 이야기 하고 강조하는 것은 복음을 바꾸자는 것이 아니라 복음을 전하는 전략을 바꾸자는 것이다. 복음은 절대 바뀌지 않는 것이고 바뀌어서도 안 된다. 그러나 시대가 변함에 따라 복음을 담아 전하는 전략은 얼마든지 바뀔 수가 있는 것이다.

이 시대에는 은밀하게 복음을 전하는 향기를 내야하는 전략이 필요하다. 말로만 하는 껍데기 그리스도인의 삶이 아니라 삶으로 복음을 살아내는 참된 제자의 삶이 필요한 시대가 온 것이다. 우리의 가정에서 직장에서 학교에서 사업장에서 가정과 학교, 사회의 모든 곳에서 그리스도의 향기를 내는 제자가 필요한 것이다. 이것이 바로 라이프스타일 미셔너리 인 것이며 이런 전략에 가장 필요한 것은 삶으로서 복음을 살아내어 그리스도의 향기를 내는 '은밀하게' 복음을 전하는 전략인 것이다.

끈기 있게

라이프스타일 미셔너리의 전략 가운데 '은밀하게'와 함께 필요한 것이 바로 '끈기 있게'다. 그리스도의 향기를 내긴 내되 한 시간 향기 내고 끝나는 것이 아니라 삶으로서 지속적으로 끈기 있게 나타나야 한다는 것이다. 우스개 소리 같지만 동네에서 골목싸움을 해도 아무리 싸움을 잘 해도 끈기 있게 싸우는 사람을 이길 수가 없다. 마치 진돗개가 한 번 물면 놓지를 않아서 명견이 될 수 있는 것과 같다. 교계에 진돗개 전도법이라는 것도 있지 않은가 말이다.

끈기는 지속성을 의미한다. 변화하지 않고 그 향기를 계속해서 지속적으로 품어 낸다는 것이다. 불신자들은 일터에서 우리에게 풍기는 향기를 어느 순간 맡고 궁금해 할 것이다. 결국 그리스도인 향기가 삶으로 지속될 때 복음을 전하는 것이 가능해진다. 사도 베드로는 우리에게 열매가 있기를 원한다면 인내가 필요하다고 이야기 한다(벧후 1:5-8). 또한 사도 야고보도 마지막 때가 될수록 어려움 속에서도 인내하라고 말한다(약 5:7-11). 열매를 얻기 위해 우리에게 필요한 것은 끈기인 것이다. 영혼을 구원하고자 한다면 우리가 무엇을 못 하겠는가? 한 영혼을 구원하고자 한다면 우리는 어떤 희생을 감내하지 않겠는가?(히 10:39)

PART 11

라이프스타일 미셔너리 이야기

하나님은 살아 계십니다!

━ 2011년 어느 날이었다. 그날 나의 목회 20년 삶 가운데 잊지 못할 정도로 강렬한 사건이 있었다. 예배가 한창 진행 되었을 때 누군가 들어오는 모습이 보였다. 그의 외모는 절대로 교회를 다닐 것 같지 않았다. 머리는 이마를 거의 가렸고, 실내인데도 선글라스를 쓰고 있었다. 교회와는 어울리지 않아 뭔가 궁금증을 자아내는 모습이었다. 예배를 마친 후 그와 이야기를 나눴다. 그는 교회를 다녀본 적이 없는 안티 기독교인이었지만 마침 성도 중에 아는 사람이 있어 교회에 한번 와 본 것이었다. 그런데 영적으로 뭔가 특별한 체험을 했고, 그간 있었던 이야기를 내게 털어놓기 시작했다. 나도 역시 불신자로 살다가 예수님을 초자연적으로 만났던 나의 간증을 이야기해줬다. 그와 두 시간 가량 서로의 이야기를 주고받은 후 그는 그 자리에서 예수 그리스도를 영접했다. 워낙 지독한 안티 기독교인이었기에 그가 교회에 나온다는 자체는 본인은 물론 그가 운영하던 학원의 학생, 교사 모두에게 큰 충격이었다. 이 사람이 바로 서울, 안산, LA, 인천, 이스라엘에 세운 넘치는교회의 뒤를 이어 설립된 'Kingdom Gate 교회'의 테리 원장이다.

나는 지금도 그때의 장면이 눈에 선하다. 아마도 천국을 갈 때까지 잊지 못할 것이다. 하나님의 구원의 섭리란 너무나 말로 표현할 수 없는 놀라움 그 자체라는 사실을 테리 원장을 통해서 또한 그 학원을 통해 구원을 받고 교회를 나오는 수많은 안티 기독교인들을 통해 다시 한 번 깨닫게 된다. 오죽 했으면 학원 이름을 믿기 전부터 '라이브 아미'(Live Army)라고 했겠는가 말이다.

지독한 안티 기독교인이었던 테리 원장은 주변 사람들에게 늘 이렇게 말했다고 한다. "기독교는 세상에서 가장 유명하고 위력 있는 체 하지만 실상 아무 것도 못하게 된 명맥상의 서양 종교일 뿐이야. 그래서 교회는 절대 가면 안 되는 곳이야!"

이렇게 교회를 마치 술안주 삼아 험담하고 욕하던 그가 교회에 처음 나온 날 나와 두 시간 가량의 대화 가운데 처음 한 말은 이랬다. "저는 지금도 찬송가 소리를 들으면 속이 느글느글 합니다." 그리고 나와 만나고 난후에 느낌을 내게 글로 보내왔었다.

> 오후 8시가 넘어서 예배가 마치고, 담임 목사님과 상담을 했다. 그동안 나와 학원에서 일어난 일들에 대해 모두 이야기했고 대화하는 내내 느낀 것은 안도감이었다. 담임 목사님의 눈빛이 모든 것을 이해하는 눈빛이었다. 너무나 기뻤다, 이런 해괴하고 아무도 믿지 못할 이야기들을 털어놓았지만 목사님은 전부 이해하고, 정리를 해주셨다다.

드디어 찾았다 이곳이다! "믿고 다닐만한 교회를 찾았다"는 내 말에 배웅을 해주시며 이렇게 말하신다. "여러 교회에 다 가보고, 맘이 편하고 자기에게 맞는 교회가 있을 겁니다"

나는 생각했다. '어라? 교회는 새로운 사람이 오면 우르르 달려들어 신상 캐고 자기 교회로 나오라고 닦달하는 곳이 아니었던가?' 여러 곳을 다녀보고 교회를 정하겠다고 했지만, 다음 주에도 이곳에 다시 와보기로 마음먹었다.

다음 주에 만난 목사님은 여전히 반겨 주었지만 "꼭 우리 교회 나오세요"라고 하지 않는다. 계속해서 "다음 주는 다른 교회도 가보세요"라고 말씀하신다. 그 말이 무언가 섭섭했다. "나는 이 교회 다니면 안 되게 생겼나…?" 약간의 오기로 한 번 더, 한 번 더 나오다가 넘치는교회가 내가 상상한, 세상에 있으면 정말 좋은, 내 꿈과 너무도 흡사한 최고의 교회라는 것을 알게 되었다.

그 후 테리 원장은 수업 시간에 노래를 가르치는 것이 아니라 누를 수 없는 하나님에 대한 사랑으로 복음을 전했고 학원에 있는 모든 선생님들이 예수님을 믿게 되었다. 5년 정도가 지난 지금 라이브 아미는 이 땅 가운데서 교회가 아닌 사람들이 모인 곳 중에서 아마도 가장 살아있는 하나님의 군대로 변해 버린 것이다. 테리 원장뿐 아니라 모든 선생님들이 강의 중에 복음을 전하고 함께 고민을 들어 주고 기도를 하며 각종 기적들을 체험하고 있다. 진정 라이브아미 학원 전체가 라이프스타일 미셔너리로 가득한 곳이 되어 버린 것이다. 청담동에서 압구정동으로 옮기며 예배실도 따로 학원건물에 만들고 주기적으로 예배와 제자훈련이 진행되게 되었다. 이제 킹덤 게이트라는 이름의 교회가 세워졌다. 나는 바쁜 시간 중에도 이곳에서 2주에 한 번씩 제자훈련을 진행한다. 매번 엄청난 기대감을 가지고 시작해 희열을 느낀다. 지금까지 이곳 라이브 아미를 통해 수많은 영혼들이 구원을 받게 되었고 이제 킹덤게이트라는 이름으로 마지막 때의 대추수에 엄청난 일들을 일으킬 것이다. 정말로 기대가 된다.

신구약 집 딸들 이야기

어느 날 우리 교회의 제자훈련 프로그램에 지원한 교인들의 지원서를 읽고 있다가 나도 모르게 웃음이 터졌다. 자기 소개글이 재밌었기 때문이다. 소개서는 다음과 같이 시작했다. "나는 극 안티 기독교인이었습니다."

'극' '개' '초' 모두 요즘 젊은이들이 뭔가를 강조할 때 쓰는 접

두어에 해당되는 말이다. 그 소개서는 조은정이라는 자매가 쓴 것이었다. 은정 자매는 라이브 아미를 통해 우리 교회에 첫 걸음을 했다. 나는 아직도 예배 때 간증을 하다가 펑펑 울던 자매의 모습이 눈에 선하다. 얼마 전 교회 계단에서 우연히 만난 은정자매는 특유의 미소를 지으며 이렇게 말했다. "제가 얼마나 목사님을 위해서 기도를 많이 하는 줄 아세요?" 믿음이 생기기 전 은정 자매는 중독 수준으로 게임에 빠져 있었다. 그러나 지금은 하루 평균 3시간을 기도하는 놀라운 기도의 사람이 되었다.

은정 자매가 전도한 친구 중에 진희 자매가 있다. 이제 신앙을 가진지 겨우 2년째지만 그러나 예수님에게 진짜 미친(?) 자매다. 처음 교회에 왔을 때부터 울기 시작하더니 지금은 누구보다도 열심히 예배 드리는 자매가 되었다. 너무 과격하게 춤추며 예배를 드리기에 한번은 설교 시간 중에 질문을 했다. "진희자매가 예배드리는 모습 보면 정말 놀라워요. 그런데 왜 그렇게 열심히 춤추면서 예배를 드리죠?"

내 질문에 진희자매는 거침없이 바로 대답했다. "나를 구원해 주신 하나님의 은혜가 너무 커서 그리고 내가 구원받았다는 것이 너무나 기뻐서 그래요. 견딜 수가 없어요!"

은정자매와 진희자매는 믿지 않는 친구들을 자주 데리고 온다. 과거의 자신들처럼 그 친구들도 안티 기독교인들이다. 그리고 교회에서 제자훈련을 함께 열심히 받고 있다. 지금은 '성경개관반'을 듣고 있어 이들에게 '신구약 집 딸들'이라는 별명이 붙었다. 정말로, 정말로 기대가 되는 예수님의 제자들이다. 다음 글은 조은정 자매의 간증이다.

나는 그리스도인들이 너무 싫었다. 말의 앞과 뒤가 다르고, 겉과 속이 다른 위선적인 그들의 모습이 너무 싫었다. 버스를 탈 때도 성경책을 들고 타는 사람들을 보면, 개독교 냄새 난다고 토하는 시늉을 하며 그들을 조롱하곤 했다. 세상 모든 사람들이 그리스도인이 되어도 난 죽어도, 절대로, 무슨 일이 있더라도 믿지 않을 것이라고 다짐했다. 그러나 유달리 예민한 성격 때문에 항상 하늘에서 누군가 나를 보고 있는 것처럼 느껴졌고, '진짜 기독교에서 말하는 하나님인걸까?' 라는 생각이 들기도 했었지만 별거 아닐 거라 생각하며 무시했다. 20년 동안 그렇게 기독교인들을 핍박하며 지내던 2013년 3월 말.

세상과 안녕하기 직전 일만큼 벼랑 끝에 간신히 서있던 어느 새벽. 십자가 환상과 세상에서 가장 따뜻한 음성을 들었다.

"딸아, 나의 딸아. 이제 그만 울고 일어나 빛을 발하라. 나는 네가 나를 보고 있지 않을 때에도 너를 지켜보고 있었고, 지금도 너를 지켜보고 있으며, 앞으로도 너를 지켜볼 것이다. 내가 너의 빛이 되어줄게. 이제 때가 되었다. 내 손을 잡고 함께 걷지 않겠니?”

나중에 알고 보니 내가 들은 음성은 평생 들어본 적도, 읽어본 적도 없는 성경 이사야 60장 1절 내용과 정확하게 맞아떨어졌다.

그 자리에서 나는 문자 그대로 예수님 앞에 고꾸라졌고, 엉엉 울면서 예수님만을 위해 살고 죽겠다고 기도까지 했다.

그때 다니던 라이브 아미 보컬학원 원장님이 내 소식을 듣고 ‘할렐루야’를 외치며 넘치는교회를 소개시켜 주셨고, 첫 주부터 예배에 사로잡혀 앞으로 뛰어나가 예배를 드렸다. 죄인이었던 나를 만나주신 주님의 은혜에 감사해 매주 엉엉 울고, 땀이 범벅되도록 뛰기도 하면서 높임 받아 마땅한 주님을 온몸으로 찬양했다. 그렇게 나는 예수님 앞에 내가 할 수 있는 모든 것을 내려놓았고, 성공하겠다는 큰 야망 또한 내려놓았다. 산골짜기 시골에서 조용히 살아도 예수님만 계시다면 난 뭐가 되든 상관 없었다. 소중한 복음을 들으면서 혼자 알기엔 너무 좋은 내용이라 절대 까먹고 싶지 않았다. 배울 때 가장 좋은 습득의 자세는 누군가에게 가르쳐주면서 자연스럽게 내 것이 되도록 만드는 것이란 말이 떠올랐고, 자매나 다름없는 제일 친한 친구에게 교회에서 배워왔다며 열심히 적은 노트를 펼쳐 알려주기 시작했다. ‘너는 들으려면 듣고, 아니면 듣고 흘려. 하지만, 나는 이걸 습득해야겠으니 앞에 자리만 좀 지키고 있어봐’ 거의 매일 만나서 설명했다. 정확히 6개월 만에 그 친구는 교회에 나오게 됐고, 성전 들어서는 순간 눈물을 흘리며 자기가 왜 우는지 모르겠다고 말하던 모습이 아직도 생생하다. 이 친구와는 지금 가족만큼 소중한 친구이자 동역자가 되었고, 우리는 그렇게 주변 친구들에게 하나 둘씩 복음에 대해 전해주기 시작했다. 감사하게도 그 때마다 성령님께서 우리와 함께 동행해주셨고, 친구들의 마음을 터치해주셨다. 승무원을 준비하던 한 친구는 집에서 반대가 너무 심한데도 불구하고 교회에 왔다. 그리고 오자마자 성령님을 만나 눈물 바다로 만들었다. 모두들 빠짐없이 교회만 들락날락 하는 것이 아니라 진정으로 예수님을 인격적으로 만났다. 진정한 라이프스타일 미셔너리는 '내가 서 있는 곳, 내 주변사람들부터'라고 생각이 든다. 그리고 우리가 할 수 있는 것은 아무것도 없으며, 전도 또한 성령님 주권 하에 가능한 것. 이 사람을 전도하겠다는 욕심도 무엇도 필요가 없다. 내가 서있는 그 자리에서 예수님을 진정으로 사모하고 예배하는 것. 그리고 고통받는 사람들과 함께 울어주고 이야기를 들어주고 그들 곁을 묵묵히 지켜 주는 것. 이게 나의 선교사적 삶의 방식이다.

교회에서 이 친구들을 보면 내 입가에는 웃음이 절로 지어진다. 그리고 다음 세대에 대한 희망을 가지게 된다.

수상한 모임

— 정말로 수상한 모임이 있다. 20대 초반의 남녀가 모여 있고 종교적인 모임도 아닌 것 같다. 기독교 신자도 있고, 불신자, 심지어 교회를 싫어하는 사람도 있으니 말이다. 정확하게 2013년 3월 27일, 5명으로 모임을 시작했고 지금은 12명으로 부흥(?)했다. 이 모임은 인문, 예술, 철학 등을 나누는 것을 위해 모인다. 그런데 이 모임이 지금은 완전히 변했다. 그리스도인이 겨우 2명이었는데 말이다. 그들이 글을 올리던 게시판은 지금 하나님과 믿음에 대한 글로만 가득차 있다. 요즘같은 세상에 어떻게 이런 일이 일어난 것일까?

이 수상한 모임의 리더인 김태환 형제는 2012년 무렵 전도를 받았지만 제대로 된 신앙 생활을 시작한 건 2년 전부터였다. 신앙 생활을 제대로 시작하면서 놀라운 변화가 생겼다. 불신자 시절부터 해오던 모임을 하나님 나라의 모임으로 바꾸어 버린 것이다. 다음 글은 김태환 형제가 나눈 간증이다.

말씀을 배우고 그리고 수련회와 각종 특강에 참여하면서 나는 다음 세대를 향해 복음을 전해야겠다는 선교적 사명을 마음에 품기 시작했다. 그래서 예전부터 모이던 모임을 그리스도인들의 나눔 공간으로 탈바꿈하기로 마음을 먹었고, 결국 선포해 버렸다. "앞으로는 세상에 뛰어드는 선교적 비전을 가지겠습니다" 막상 이렇게 선포했지만 어떻게 선교에 대한 그림을 그려가야할 지 솔직히 막막했다. 믿음을 가진지 불과 2년도 되지 않은 풋내기 청년이 도대체 무슨 패기로 선교에 대한 청사진을 그릴 수 있을까? 혹시 내 무지나 허세, 자만은 아닐까라고 생각해보기도 했지만 신기하게도 걱정은 없었다. 그런데 바로 그 시기에 이창호 목사님이 넘치는교회의 시즌2를 향한 첫 걸음으로 '선교적 교회'(Missional Church)를 선포하셨고 '목자 후보생 훈련'을 시작했다. 당시 우리의 모임인 '8space'와 정확하게 일치되는 키워드인 '선교'가 주제였다. 이것은 분명히 하나님께서 주신 생명줄 같은 기회라는 생각에 정신이 번쩍 들었다. 즉시 8Space 멤버들에게 '선교적 교회'로 개편함을 선포했고, 공식회의를 거쳐 참석하지 못한 사람들에게 메일로 회의록을 돌렸다. 결과적으로 모든 인원이, 심지어 아직 안티 기독교인 멤버들까지도 우리의 모임이 '교회'가 되는 것에 동의했다.

이렇게 수상한 모임은 더 이상 수상한 모임이 아닌 선교적 교회의 첨병의 역할을 하는 모임으로 변했다. 이들 중에는 안티 기독교인도 있고 대부분의 팀원들이 신앙을 가진지 얼마되지 않는 초신자들이었다. 실수도 많을 것이고 좌충우돌할 것이라는 생각도 들었다. 그러나 나의 염려를 비웃기라도 하듯이 이들은 이미 중보기도팀도 구성해 놓고 선배들에게 멘토링을 받으며 새 부대로서의 모습으로 잘 준비했다. 나는 참으로 놀라지 않을 수 없었다. 그들과의 만남을 통해 늘 걱정과 염려의 대상이라고 생각했던 다음 세대들이 아비세대들이 모르는 놀라운 기름부으심을 받는 모습을 보고 나는 입을 다물 수가 없었다. "아, 그렇구나! 이들이 바로 마지막 때를 위해 하나님께서 예비하신 세대구나!"

수상하지 않은 이 '수상한 모임'을 정말 기대한다. 하나님이 이들을 통해 이루어 가실 것들을 상상하기만 해도 가슴이 벅차다.

직장이요? 아니요, 선교지입니다!

— 나는 목회를 시작하기 전 약 5~6년 정도를 평범한 직장인의 삶을 살았다. 신앙이 있고 없고를 떠나 대부분의 사람들은 직장 생활을 힘들어 한다. '목구멍이 포도청'이라는 말이 있듯이 먹고 살기 위해서 하는 직장생활 쉽지 않을 것이다. 업무의 과중함으로 인한 스트레스로부터 시작하여 사람들과의 관계, 실적, 승진 등 직장에는 우리를 어렵게 하는 많은 것들이 있다.

김재훈이라는 청년은 많은 직장인들이 겪는 동일한 어려움을 내게 가끔 이야기 했다. 일은 많아 늘 밤12시가 다 되어서 퇴근하고, 앉아서 일만 하니 건강도 나빠지는 것 같았다. 그렇다고 직장을 그만둘 수도 없어 형제의 삶은 늘 짜증이 넘쳤다. 늘 어둡고 희망이 없는 그에게 어느 날 교회에서 선포한 라이프스타일 미셔너리에 대한 비전은 삶을 바꾸는 계기가 됐다. 그의 삶에 놀라운 변화가 일어난 것이다. 내게 보낸 메일의 내용이 달라졌다. 이전에는 절망과 짜증 그리고 어쩔 수 없는 자신의 삶에 대한 한탄이 주 내용이었지만 이제는 완전히 변했다. 메일의 가장 마지막에 항상 "수원 땅 선교사 라이프스타일 미셔너리, 김재훈 드림"이라고 써서 보낸다. 그가 '라이프스타일 미셔너리'라는 마음을 가지고 살기 시작하자 직장에서는 놀라운 일들이 일어났다. 김재훈 형제가 쓴 간증을 통해 그의 삶에 생긴 변화의 이야기를 들어보자.

하나님은 서울의 한 은행 지점에서 근무하던 나를 수원이라는 낯선 땅으로 보내셨다. 그때부터 내 삶은 전환점을 맞이했다. 솔직히 수원은 내가 바라던 지역은 아니었다. 그러나 하나님이 그 땅을 향한 마음이 있으심을 나로 하여 알게 하셨고, 내가 그곳에 가기를 원치 않는 마음이 들 때마다 하나님은 내게 "재훈아, 내가 너를 위해 다 준비해 놓았단다"라고 내 마음을 위로 하셨다. 그리고 '네가 가서 내 무너진 성전을 다시 재건해다오'라고 말씀하셨다. 그렇게 그 하나님의 말씀에 순종함으로 결단하고 가게 된 새로운 발령지, 수원 영화동은 곧 성령의 역사가 가득한 잊을 수 없는 나의 선교지가 되었다. 나는 매일 아침 선교지로 출근하는 '수원 땅 선교사'가 되었다. 그렇게 시작된 수원에서의 시간이 조금씩 지나면서 놀라운 기적들이 하나 둘 나타나기 시작했다.

순종하기로 결단한 순간 평소 함께 근무하던 은행 직원들이 내게 다가오기 시작했다. 하나님에 대해 물어보기도 했고, 기도가 뭔지 , 방언이 뭔지 설명을 원했다. 때론 마음이 힘들어 기도를 부탁하기도 했다. 내가 그들에게 손을 얹고 기도를 하자 그들 중에는 스스로도 주체할 수 없는 감동에 펑펑 울기도 했다. 놀랍게도 그들은 모두 하나님을 전혀 믿지 않던 사람들이었다. 내가 예수를 믿으라고 직접적으로 말하지도 않았고, 교회를 가자고 말하지도 않았다.

내가 한 것은 하나도 없었다. 나는 이런 내 삶의 변화가 놀라웠고 이 모든 것들이 하나님께서 친히 행하시는 일임을 부인할 수 없었다.

그때부터 출근하기 싫었던 직장이 기대로 가득 찬 나의 놀이터가 되었다. 매일 매일이 기대로 가득 차고 설레고 행복한 순간들의 연속이었다. 그리고 내 입술에서는 '너무 행복하다'는 고백이 절로 나오기 시작했다. 처음에 내가 거부하고 원치 않았던 이 수원 땅에서 내가 너무 행복하다고 하나님께 쉼 없이 고백하게 될 줄은 그때는 정말 몰랐었다.

내가 한 것이라고는 하나님이 명하신 곳에 발걸음을 내딛은 '작은 순종'이었고, 그 이후 매일 성령님과 동행하며 함께 걸어 갈 것을 결단한 것이 전부였다. 그 '작은 순종'과 '결단'을 통해 하나님은 낯선 땅에서 하나님의 영광을 나타내셨다. 형편없이 부족하고 모자란 나를 통해서 말이다.

난, 하나님의 산파

― 우리 교회에는 간호사로 일하는 한 자매가 있다. 그런데 일반 간호사가 아니라 조산사라는 특별한 영역에서 일을 한다. 덕분에 근무시간이 일정하지 않다. 그래서 때로는 예배 중간에도 출산을 돕기 위해 달려가기도 했다. 남들이 하지 못하는 중요한 사명을 다하며 마치 출애굽기의 히브리 산파와 같은 역할을 하고 있다. 이렇게 하나님이 허락하신 자신의 직장에서 라이프스타일 미셔너리로서 살아가는 조도란 자매의 간증을 들어 보자.

하나님이 부르셔서 간호사가 되었고 간호사로 몇 년을 살았다. 그러나 고된 근무 환경과 군대만큼 힘들다는 병원 생활은 또 다시 사표를 던지고 답답한 마음에 금식과 눈물로 이 기도를 하고 있었다. 조산사! 기도의 답으로 주신 하나님의 명료한 대답. 그러나 나의 대답은 조산원에서 아기를 낳는 시대도 아니고 병원중심 의료 환경에 길들여진 내게 무슨 뚱딴지 같은 비전을 주시냐고 투정 부렸다. 그러나 날 선교사로 보내실지 모른다는 생각에 일단 순종하자는 생각을 했다.

조산사는 정상 분만을 돕고 임신, 산욕, 신생아의 보건지도를 한다. 의료법이 정한 의료인으로 별도의 수습 기관에서 1년간 수습을 거쳐 국가고시를 통과해야 면허가 부여된다. 1년 간의 수습을 위해 서울을 떠나 연고지도 없던 부산에서 1년을 보냈다. 시집살이만큼 매운 수습생활은 함께 공부하는 동기들에게 해병대 못지않은 동지애를 심어주었다. 그리고 면허를 취득하고 서울에서 제일 좋은 자연출산병원에 취업을 했다.

목표는 여기까지라고 생각했다. 그 순간 허무함이 나를 엄습해 왔다. 그 때 목사님을 통해 라이프스타일 미셔너리에 대한 이야기를 들었다. 하나님 나라를 이 땅에 펼쳐나가는 개념이 새로운 이야기는 아니었지만, 한번 그렇게 살아보려는 결단이 생기면서 그렇게 살아보자고 결심을 했다. 결심을 하니 하나님나라에 대한 소망함이 증폭되었다. 과연 무엇을 해야 한단 말인가. 하나씩 조금씩 그리스도의 향기를 내어보기 시작했다. 산모와 남편, 나 이렇게 셋이 조용히 진행되는 진통 때에는 잔잔한 첼로의 찬송을 틀기 시작했다. 한 템포 느린 곡은 출산을 이끌어가는 내게도, 따라오는 산모와 남편에게도 평안함을 허락해 주었다. 태어나는 아이들에게 기도를 해줘야겠다는 생각이 들었다. 축복하는 기도를 해준다고 하니 기독교인뿐만 아니라 믿음이 없는 사람들도 좋아했다. 아이의 삶이 건강하고 복된 인생이 되길 바라는 어미의 마음은 다 같음을 알 수 있었다. 또 자연 분만을 하다 보면 놀라운 몸의 신비를 깨닫게 된다. 이를 바탕으로 엔지니어였던 산모의 남편에게 복음을 전하기도 했다.

아이들을 잠시 돌봐주는 조용한 시간에는 아이의 미래를 놓고 기도를 했다. '하나님, 이 아이는 어떤 사람이 될까요? 하나님 나라에 꼭 필요한 사람이 되어 하나님 나라를 전하고 그 나라에서 사는 사람이 되게 해주세요'라는 내 기도를 들은 것일까? 작은 목소리로 하는 내 기도를 태어난 지 하루 된 아이가 동그란 눈을 뜨고 내 입의 소리를 귀담아 듣고 있는 듯한 표정을 보면 나의 마음은 기쁨이 넘쳤다. 이 기도가 아이들의 삶을 하나님께서 이끄실 것이라고 생각한다. 앞으로도 내 손으로 받는 아이들을 위해 기도할 것이고, 그 가정을 위해 기도할 것이다. 병원에 머무는 2박 3일의 시간이 하나님 나라를 경험하는 시간이 되도록 노력할 것이다. 이것이 나의 라이프스타일 미셔너리적 삶이다.

나는 마지막 때가 되면 라이프스타일 미셔너리로 헌신한 다음 세대들이 한국을 비롯한 열방 곳곳에서 일어날 것을 꿈꾼다. 한 명의 강력한 카리스마를 가진 리더가 일으키는 변화가 아니라 작은 불꽃들이 일어나 큰 불을 일으키기를 소망한다. 이 땅의 다음 세대들이 자신이 살고 있는 삶의 현장 속에서 선교사로서의 삶을 살때 이 세상은 변할 것이다.

4부

희망의 소리

New Revival

PART 12

새로운 예배

예배를 개혁하라!

— 우리는 교회가 세워진 목적을 세 가지로 이야기 할 수 있다. 첫째, 하나님을 향해서 예배 드리기 위함이고, 둘째는 성도를 제자훈련을 시키는 것이며, 셋째는 세상을 향해서 선교하는 것이다. 그렇다면 지금 한국 교회가 겪는 위기는 무엇 때문일까? 이런 위기의 근본적인 이유를 살펴보자.

먼저 '성도를 향한 제자훈련'을 살펴보자. 아마도 한국 교회처럼 제자훈련에 열성인 교회도 없을 것이다. 아무리 작은 교회, 방금 전에 개척한 교회라 할지라도 근사한 제자훈련 시스템을 잘 갖추어 놓는다. 목회자들은 개척하기 전부터 제자훈련을 받고 여러 세미나를 다니면서 가장 좋고 적합한 제자훈련 프로그램을 준비한 뒤 교회를 시작한다. 수십 년 전부터 불기 시작한 제자훈련의 강풍은 그동안 많은 성과를 거뒀다. 덕분에 대부분 교회에서 필수 프로그램이 되었다. 어느 교회든지 홈페이지에 들어가면 자신들의 제자훈련 시스템을 잘 게시해 놓았고 새가족들이 오면 교회의 제자훈련 시스템을 잘 설명해준다.

그런데 나는 조금 다른 관점으로 이야기하고 싶다. 제자훈련이 나쁘다는 이야기를 하고 싶은 것이 아니다. 제자훈련은 당연히 필요하며 진짜 제자를 길러내기에 좋은 프로그램인 것은 분명하다. 넘치는교회도 개척한 이후 여러차례 수정보완을 통해 잘 짜여진 제자훈련 시스템을 가지고 있다. 문제는 그럼에도 불구하고 한국 교회가 왜 위기에 처해 있을까? 대부분의 한국 교회가 성도들을 제자훈련시키기 위해 애쓰고 있고 수많은 훈련 교제와 세미나가 있으며 콘퍼런스에는 열심있는 목회자들로 가득차 있는데 어찌하여 교회는 세상으로부터 욕을 먹고 있는지 고민해야 한다.

세상을 향한 선교적 측면도 살펴보자. 불과 수년 전만해도 한국은 전 세계에서 인구대비 가장 많은 선교사를 배출하는 나라였다. 파송한 선교사의 숫자가 절대적으로 많은 나라는 미국이지만, 전체 인구대비 선교사 비율이 가장 높은 나라는 단연 한국이었다. 대학가마다 기독교 동아리가 가득했고 신입생을 맞이하는 새학기마다 가장 바쁘게 움직인 것도 대학생 선교단체들이었다. 오래되지 않은 이야기다.

이처럼 제자훈련도, 선교도 정말 열심을 냈고 최선을 다했으며 많은 열매를 거둔 것이 한국 교회였다. 그런데 한국 교회는 왜 지금과 같은 암울함 속에 빠지게 됐을까? 과거의 영국을 비롯한 유럽 교회가 그랬고, 미국의 교회도 같은 길을 걸었듯 한국 교회도 이런 흐름을 따라가는 것이 당연한 것일까? 부흥과 쇠퇴를 거듭하는 역사의 자연스러운 반복쯤으로 치부해도 될까? 나는 아니라고 생각한다. 부흥과 쇠퇴라는 역사적 흐름이 있다할지라도 하나님 나라의 복음은 위대하고 능력이 있기 때문이다.

나는 부흥에 대해 이야기하기에 앞서 예배에 대해 이야기하고 싶다. 한국 교회가 지금의 어려운 현실에 닥친 이유를 나는 예배에서 찾고 있다. 이 세상에 교회가 존재하는 이유와 목적은 하나님을 예배하기 위해서다. 그런데 그 예배드림에 뭔가 결정적인 문제가 생겼다는 것을 우리가 눈치채지 못했다. 나는 감히 예배의 부분에 있어서 구멍이 있었다고 생각한다. 그것도 작은 구멍이 아니라 아주 큰 구멍이 존재한다.

그렇다면 한국 교회 예배의 어떤 점이 문제란 말인가? 여러 가지가 있을 것이다. 한국 교회의 전통을 지켜야 한다는 생각에 수십년 전과 똑같은 예배 형태를 고수하는 것, 어떤 노력과 열심도 없이 그냥 그렇게 부르고 있는 수십 년 전의 찬양들, 옆 교회에 뒤질세라 5분, 10분씩 짧아지는 예배 시간 등 우리가 예배를 놓고 생각해볼 것들은 넘쳐난다.

그 중에서 가장 중요한 것은 예배 가운데 '하나님과의 만남'이 없어졌다는 것이다. 이것이 한국 교회 예배의 가장 큰 문제다. 예배는 살아계신 하나님과 가지는 만남의 시간이다. 말씀과 찬양을 통해 하나님의 임재를 느껴야 한다. 그런데 우리의 예배는 너무나 형식화되었고, 종교적인 전통만 남은 지식만 가득한 예배가 됐다. 가슴이 아니라 머리만 만족시키는 예배가 됐고, 설령 성령님의 역사로 가슴이 뜨거워져도 이것을 쏟아내고 하나님께 반응할 시간을 가지지 못할만큼 예배 시간이 짧다. 라면도 3분을 끓여야 먹을 수 있는데 세상의 수많은 죄악 가운데 살다 헐레벌떡 달려와 겨우 1시간 남짓 드리는 예배에서 하나님과 인격적인 만남을 가질 수 있단 말인가? 하나님과의 만남이 짧아지니 예배는 점점 지루해지고 형식만 남은 것이다. 그리고 가슴이 아닌 머리만 커진 기형적인 신앙을 가진 그리스도인들은 세상에 우리의 치부를 훤히 내보이고 말았다. 아비 세대가 이렇기에 포스트모더니즘의 시대에 살며 게임과 미디어를 비롯한 온갖 자극적인 세상 문화에 중독된 다음 세대 아이들이 교회를 찾는다는 것은 불가능하다.

한국 교회의 예배를 생각하면 너무나 답답하다. 우리는 늘 예배의 갱신을 이야기한다. 새해 첫날 기독교 신문에 실리는 기사 중에는 예배의 갱신에 대해 늘 이야기 한다. 그러나 핵심이 아닌 것들만 가지고 변죽만 울린다. '당신'이라는 용어에 대한 언급도 그 중 한 가지였다. 예배가 변해야 한국 교회가 바로 설 수 있다고 하면서 내놓은 갱신의 방법 중 하나가 '당신'이라는 용어를 쓰지 말자라는 것이었다. 그 기사를 읽으면서 나는 너무나 마음이 아팠다. 단어 하나를 바로 잡는다고 한국 교회가 가진 예배의 문제가 해결된다고 생각하는 것일까? 그 단어만 고치면 한국 교회가 다시 부흥한단 말인가?

예배를 과감하게 개혁해야 한다. 전통을 외치면서 100년 전 예배의 형태를 고수하는 것을 바꿔야 한다. 청소년들이 찬송가를 부르지 않는 것이 문제가 아니라 그들에게 보다 본질적인 예배를 가르쳐 줘야 한다. 종교적이고, 형식적에 물든 예배가 아니라 진리가 선포되고 성령님의 역사로 말미암아 진리의 하나님을 예배 가운데 만나는 예배를 말이다. 이러한 예배의 개혁없이는 한국 교회에 희망이 없다.

> "아버지께 참되게 예배하는 자들은 영과 진리로 예배할 때가 오나니 곧 이때라 아버지께서는 자기에게 이렇게 예배하는 자들을 찾으시느니라 하나님은 영이시니 예배하는 자가 영과 진리로 예배할지니라." (요 4:23,24)

예배의 성공 없이 선교는 없다!

— 한국 교회가 당면한 문제 중에 여러가지가 있지만 선교적인 면에서도 어려움에 봉착해 있다. 한국 교회 가운데 선교의 열

정이 식고 있다는 것이다. 이것은 수치상으로도 확연하게 드러난다. 이제 선교에 헌신하는 젊은이들이 많지 않다. 그나마 선교를 지원하는 것은 젊은이들이 아니라 은퇴 후에 자신의 남은 인생을 하나님께 드리고 싶어 하는 시니어 세대이다.

선교란 무엇인가? 선교는 교회의 본질이다. 예수님이 이 땅에 오셔서 하나님 나라에 대해 제자들에게 설명하고 이 땅 가운데 확장하기를 명령 하셨다. 그리고 지금까지 그 사명을 감당하도록 성령님을 보내 주시고 또한 공동체로서 교회가 그것을 이루어 가게 하셨다. 이제 선교의 완성이 얼마 남지 않았다는 이야기가 나오고 있다. 수십년 내에 세상 모든 언어로 말씀이 번역될 것이라는 전망도 있다. 그래서 주님의 재림이 가까웠다고 말하면서 더욱 힘 있게 선교라는 마지막 사명을 감당해야 한다고 우리는 이야기 한다. 맞다. 주님이 명령하신대로 온 땅을 제자 삼는 사명을 반드시 순종해야 한다. 그것이 구원을 받은 우리의 걸어가야 할 길이다. 그래서 지금도 전 세계 오지에는 선교사들의 순교를 각오한 헌신이 이어지고 있다.

문제는 현 세대의 뒤를 이을 사람이 필요하다는 데 있다. 땅끝에서 선교를 감당해오던 세대들은 이제 나이가 들었다. 수십 년 동안 맺은 선교의 열매를 누군가가 이어받아 계승해야 할텐데 그것을 이어받을 선교의 자원이 없다. 피문은 예수의 복음을 들고 열방으로 나아갈 사람이 더이상 보이질 않는다. 복음을 들고저 히말라야 오지, 태평양 가운데의 흩어진 섬까지 누가 나간단 말인가? 하나님의 명령을 지켜야하니 길거리에 지나가는 젊은 영혼들을 붙잡고 제발 선교지에 나가달라고 호소라도 해야하는 것일까? 말도 안되는 이야기다.

선교는 어떤 사람이 나가는 것일까? 우선 그 영혼이 하나님을 만나야 하는 것이다. 하나님을 만나지도 않았는데 어떻게 자신의 모든 것을 내던지는 헌신을 할 수 있겠는가? 하나님과의 뜨거운 만남과 그런 신앙이 지속되고 여러 가지 훈련을 통해 성숙의 길로 갈 때 선교에 대한 하나님의 비전도 받을 수 있고 그런 자들이 자신의 모든 것을 던지고 선교사로 지원하여 오지로 갈 수 있는 것이다. 결국은 선교의 시작은 예배이고 그 완성도 예배인 것이다. 예배의 회복 없이는 선교는 불가능하다. 전도를 해도 내 마음이 하나님에 대한 뜨거운 마음이 있어야 입이 열린다. 은혜와 뜨거움도 없는데 어떻게 전도를 할 수 있냔 말이다.

선교는 교회의 본질이다. 선교의 사명을 감당하기 위해 우리는 예배를 회복해야 한다. 우리가 진정한 예배자로 바뀔 때 누가 떠밀지 않아도 우리는 선교의 현장에 가 있을 것이다. 이 땅에 새로운 예배의 부흥이 있어야 한다. 예배의 회복이 한국 교회가 당면한 가장 시급한 문제이다.

PART 13

새로운 교회

과감한 변화

평소 친분을 쌓고 있는 목회자들과 만난 자리에서 한국 교회가 당면하고 있는 현실에 대한 이야기가 자연스럽게 주제로 떠올랐다. 모두들 안타까운 마음에 걱정스런 말들을 주고 받았다. 그 자리에 모인 모든 목회자들이 내린 결론은 "한국 교회에 올바른 교회론이 다시 정립되어야 한다"였다.

올바른 교회론을 세우는 것. 정말 중요하다. 교회가 무엇이며 그리스도의 몸이 될 성도가 서 있어야할 위치가 어디인지를 아는 것만큼 중요한 것은 없다.

문득 요즘 그리스도인들은 교회의 비전과 전혀 상관없는 신앙 생활을 하고 있다는 생각을 한 적이 있다. 교회의 비전은 목사가 이루어가는 것이고 성도는 헌금이나 꼬박꼬박하고 은혜를 받으면 된다고 생각한다. 일부 성도들의 생각이라고 치부하기에는 힘든 것이 흔히 신앙 좋다는 칭찬을 듣는 성도들 중에 이런 생각을 하는 사람이 많기 때문이다.

그런 신앙을 가진 성도들은 교회를 옮기는 것도 자유롭다. 자녀들을 위한 교육을 잘 하는 교회가 있으면 두말없이 바로 교회를 옮겨 버린다. 나와 교회의 비전은 상관이 없으며, 내 주 관심사는 자녀들이라는 것이다. 소중한 자녀들에게 좋은 신앙 교육을 시킬 수 있는 교회가 있다면 100번이라도 옮길 수 있는 것이 요즘 성도들의 생각인 것 같다.

이 모든 것이 다 목회자들의 잘못이라고 생각한다. 한국 목회자들의 마음 속에는 자기가 섬기는 교회를 부흥시켜야 한다는 욕심이 있다. 그래서 성도이 다니기 좋은 교회, 편한 교회를 만들기에 애쓴다. 농구장과 카페, 그 외에도 성도들이 좋아할 만한 것에 과감한 투자를 하고 성도들을 붙잡아 놓고 끌어 모으려 한다.

설교도 마찬가지다. 혹시라도 성도들이 부담스러워 하는 주제는 피한다. 듣기에 좋은 설교만 주로 한다. 이런 설교에 익숙해진 성도들은 비전이나 헌신보다는 자신의 신앙에만 집중하는 이기적인 그리스도인이 되어버린다. 지금 한국 교회의 위기는 앞에서 말한 목회자들의 실수로 인한 부메랑을 맞는 것이다. 그래서 올바른 교회론을 가르치고 깨우쳐 주는 것이 너무나 중요하다. 이 시대의 교회에 필요한 것은 시대와 때를 분별할 수 있는 영적인 안목이다.

하나님의 나라는 변하지 않는다. 그 속성도 바꾸지 않는다. 그러나 개 교회는 절대 영원하지 않다. 에베소 교회. 고린도 교회는 이 땅 위에 더이상 존재하지 않는다. 복음은 그대로지만 세상은 늘 빠르게 변하고 있다. 그렇기 때문에 시대 속에서 빛과 소금이 되기 위해서는 시대에 맞는 하나님의 마음과 전략을 교회가 고민해야 한다. 시대의 변화를 읽지 못하면 교회는 이미 변해버린 세상을 좇아가기에 바쁘다. 그러다 결국 세상과 분리된 게토가 되어 버린다. 우리끼리 은혜받고 우리끼리만 행복한 교회가 되는 것이다. 어디에도 아버지 하나님의 마음이 들어가고 부을 틈이 없다. 우리는 변화를 두려워해서는 안된다. 물 위를 걸으시는 예수님을 보고 배 안에서 두려워 떠는 제자들이 아니라 물에 빠진다 할지라도 물 위를 걷게 해달라고 구하는 사도 베드로와 같은 믿음을 가지는 교회가 돼야 한다. 베드로와 같은 그런 믿음을 가진 교회를 통해 하나님은 앉은뱅이를 일으켜 세우시고 영혼을 추수하는 도구로 사용하신다. 시대를 분별하고 하나님이 부으시는 새 술을 받을 수 있는 새 부대와 같은 교회들이 정말로 필요한 때가 바로 지금이다.

이렇게 바른 교회론의 필요성과 시대분별이 요구되는 것은 이 시대의 변화의 속도에서 기인할 것이다. 세상은 글로벌화되고 있다. 국경 없는 삶을 살고 있다. 한 나라의 실패는 비단 한 나라로 끝나는 것이 아니라 전 세계적인 파장을 가져온다. 그로 인해 현대 사회의 불안정성이 증대되었다. 거기에 IT를 통한 새로운 문명은 가뜩이나 요동치며 불안해하는 세상을 더 빠르게 변화하는 소용돌이 속으로 집어넣어 전혀 상상하지 못하는 세상으로 우리를 이끌어 가고 있다. 이러한 변화 속에 전통이라는 미명 아래 변화되지 않는 교회의 모습에 현대인은 더 이상 아무런 매력을 느끼지 못한다. 실제로 젊은이들을 조사해 보면 교회는 그들에게 전혀 매력이 없는 웃기는 조직(?)이 되어 있는 것이다. 세상의 변화를 선도해 가지는 못한다 할지라도 그들의 변화를 읽고 대처할 수 있는 능력마저 없다면 잠시 후 교회는 그나마 조금 남아 있는 자리를 잃어버릴 수밖에 없을 것이다.

과감한 변화가 필요하다. 무엇을 두려워하는가? 복음의 능력은 너무나 크다. 그 멋진 복된 소식을 포스트모더니즘의 현대인들에게 전하기 위한 과감한 변화가 우리들에게 너무나 요구되는 시기이다. 얼마 시간이 없는 것 같다. 무일푼에서 억만장자가 됐으며 우주 개발과 전기 자동차로 이 시대의 혁신을 이끌고 있는 테슬라 모터스의 CEO인 엘론 머스크는 이런 말을 했다. "실패는 하나의 옵션이다. 만약 무엇인가 실패하고 있지 않다면, 충분히 혁신하고 있지 않다는 것이다"

IT 미션

— 지난 2015년 11월 말, 국제 YWAM의 설립자인 로렌 커닝햄이 넘치는교회를 두 번째 방문했다. 2년 전, 첫번째 방문때

그는 IT 선교의 중요성에 대해서 강조했다. 불과 2년이 지난 지금 로렌 커닝햄의 강조가 아니더라도 우리 시대는 IT를 활용하는 선교가 얼마나 중요한지 깨닫고 있다.

로렌 커닝햄이 방문하기전 우리 교회에 다니고 있는 한 청년이 이렇게 이야기했다. 참고로 그 청년은 IT 기술사 공부를 하고 있다. "목사님, 지금 우리가 쓰는 기술은 이미 10여 년 전에 상상하고 연구했던 것들이 상용화된 것입니다. 지금보다 앞선 미래의 일을 다루는 IT 기술사 공부를 하면서 느끼는 점은 아무래도 이 IT 때문에 인류는 종말을 맞을 것 같다는 겁니다"

과학을 하는 사람들은 증명되지 않는 것은 잘 믿으려 하지 않는다. 나는 이 청년의 말을 들으면서 '혹시 인류의 마지막 바벨탑이 IT문명이 되지 않을까?'라는 생각이 들었다. 기술은 인간의 삶을 획기적으로 바꿨다. 지금까지 바꾼 것으로도 부족해 앞으로 더 무한한 변화를 가져다 줄 것으로 보인다.

이런 IT는 하나님이 만드신 것이 아니라 하나님이 인간에게 주신 지혜를 가지고 만든 것이다. 얼마전 세상을 떠들썩하게 했던 구글의 '알파고'도 결국 무엇인가? 하나님의 영역에 인간이 도전하는 것이 아닌가? 예전에는 상상하지도 못했던 기상천외한 수많은 일들이 가까운 미래에 펼쳐질 것이라고 말하고 있다. 그렇기 때문에 IT 선교에 대해 확실한 대안과 도전이 없다면 우리는 더 많은 다음 세대들을 사탄에게 빼앗기게 될 것이다.

요즘 '가상현실'(VR : virtual reality)에 대한 엄청난 예측들이 벌써부터 쏟아지고 있다. 미국 카네기 멜론 대학의 제시 쉘(Jesse Schell) 교수는 가상현실에 대한 40가지의 일을 예측했다. 그는 2017년이 되면 VR 중독에 관한 이야기가 나올 것이며 2020년에는 VR 포르노가 전 세계적으로 10억 달러 이상의 규모를 가진 시장이 될 것이라고 한다.

굳이 제시 쉘 교수의 예측이 아니라도 우리는 기술 진보의 속도를 보아왔기 때문에 충분히 예측가능하다. 어쩌면 예측한 것 이상의 현실이 다가올지도 모른다. 페이스북의 CEO 마크 저커버그(Mark Elliot Zuckerberg)는 얼마 후면 VR 안경이 지금의 안경만큼 작아져 새로운 세계의 강력한 플랫폼이 될 것이라고 강조한다.

그렇다면 생각해보자! 지금도 인터넷에 빠져 중독되고 눈으로만 보는 음란한 영상에도 젊은 세대들은 정신을 차리지 못한다. 그런데 이 가상현실에서 어떻게 다음 세대들이 이겨내고 승리할 수 있을까? 생각만 해도 머리가 아프고 답이 없어 답답하다. 불과 수년의 앞 미래의 선교에서 IT를 도외시하고서는 선교에 대한 주요한 맥을 놓치게 될 것이다. 다음 세대를 송두리째 다 빼앗길 것 같다는 생각이 든다. 한마디로 아찔하다.

얼마 전에 히말라야 지역의 땅 끝을 전문적으로 선교하시는 선교사님들과 일주일 간 함께 콘퍼런스를 할 수 있는 은혜가 주어졌다. 나는 마지막 날, 수 십 년간 선교에 온 몸을 던진 선교사들에게 조용하지만 무거운 마음으로 말씀을 나누었다.

"앞으로 모든 인간의 삶의 전 영역에 IT가 접목되지 않는 것은 없을 것입니다. 모든 영역을 IT가 지배하게 될 것입니다. 그때는 선교의 현장에서도 상상하지 못하는 일들이 일어날 것입니다. 선교사님들도 IT에 관심을 가져주시고 생각해 보았으면 합니다"

교회와 하나님 나라의 미래는 다음 세대들이다. 이들은 IT 문화와 아주 밀접한 세대다. 이들 세대를 지키고 살리기 위해서는 반드시 모든 교회가 IT 선교에 대한 많은 기도와 연구가 있어야 할 것이다. 그렇지 못할 경우 우리 교회는 다음세대를 전부 IT라는 바벨탑에 빼앗길지도 모른다.

고통당하는 자와 함께 울라

━ 앞에서 언급한 〈일본침몰〉이라는 영화와 함께 하나님의 강한 감동이 있었던 영화가 또 하나 있었다. 그 영화는 바로 〈우행시〉라는 영화였다. 소설가 공지영의 『우리들의 행복한 시간』

을 바탕으로 만들어진 영화다.

교회의 신문에도 이 영화에 대한 리뷰가 실렸다. 나는 속으로 '뭔가 있나보다'라는 호기심이 생겼다. 그래서 바로 그 다음날 월요일에 아내와 그 영화를 보러 갔다. 영화의 대략적인 이야기는 이랬다. 영화에 등장하는 두 주인공은 모두 삶에 대한 애착이 사라진 사람들이었다. 남자 주인공은 고아 아닌 고아로 살면서 동생이 노숙을 하던 중 얼어죽는 힘든 순간을 보냈다. 그리고 물건을 훔치기 위해 들어간 집에서 살인을 했고 사형수가 됐다. 그래서 빨리 죽기만을 바라는 삶에 대한 애착을 잃어버린 사람이었다. 여자 주인공은 부유한 집에서 자랐지만, 어린 시절 친척에서 성폭력을 당했지만 가족들로부터 위로를 받지 못했고 그 이후 수차례나 자살을 시도한 사람이었다. 그러나 이런 배경 속에서 만난 두 사람은 서로 교감하고 대화를 나누면서 삶에 대한 애착을 회복하기 시작했다. 그러나 얼마 뒤 남자 주인공은 형장의 이슬로 사라지는 안타까운 이야기다.

이 영화를 보면서 나는 하나님이 주시는 감동이 내 안에 몰려옴을 느꼈다. "창호야, 교회가 도와야 할 사람이 너무나 많단다"

그러면서 또 다시 하나님께서 나를 통해 강렬한 통곡을 하시기 시작했다. 10년이 지난 지금도 나는 그때의 느낌을 잊을 수가 없다.

인간은 왜 고통을 당하는가? 하나님과의 관계를 깨뜨린 원죄로부터 이 땅에 죽음과 고통이 들어왔다. 그리고 우리의 옛사람과 세상, 그리고 사탄의 영향으로 이 세상은 극한 신음 가운데 고통 당하고 있다. 그렇기에 우리 주님이 빨리 오셔야 이 고통이 끝날 것이다. 이 고통은 결국 마음을 빼앗기면서 시작되는데 이 마음을 아프게 하는 두 가지 원인이 바로 '우행시'의 두 주인공이 보여준다. 하나는 '상처'이며 다른 하나는 '배고픔'인 것이다.

깨어진 세상 속에서 살기에 어쩔 수 없이 받게 되는 우리 삶의 수많은 상처들과 타락한 세상의 구조 가운데 발생되는 경제적 가난으로부터 생기는 어려움이 결국 마음을 병들게 하고 고통이 시작되게 되는 것이다.

교회는 누구로부터 배워야 하는가? 바로 성경속의 예수님으로부터 배워야 한다. 그리고 예수님의 말씀 따라 살아야 하는 것이 우리들의 사명일 것이다. 바로 이 고통 당하는 사람들과 함께 울고 그들을 위로하고 돕는 것이 우리의 마땅히 하여야 할 의무이다. '상처'와 '배고픔'으로부터 시작하여 마음이 부서져서 고통당하는 사람들에게 우리는 예수님의 사랑을 전해야 하는 것이다. 교회를 위해 수많은 헌금을 쓰는 것이 아니라 고통당하는 자들을 위해 그들과 함께 울며 위로하고 도와주어야 하는 것이다. 우리를 안타까워하시는 예수님의 음성이 들린다.

"너희는 가서 내가 긍휼을 원하고 제사를 원하지 아니하노라 하신 뜻이 무엇인지 배우라 나는 의인을 부르러 온 것이 아니요 죄인을 부르러 왔노라 하시니라." (마9:13)

"둘째도 그와 같으니 네 이웃을 네 자신 같이 사랑하라 하셨으니." (마22:39)

용기 있는 그리스도의 제자로 이 땅에 살다 간 본회퍼 목사의 말이 생각난다. "교회가 진정 그리스도의 몸이라면 교회가 타자를 위해 존재할 때만이 진정한 교회다"라고 했다. 우리 모두가 이 시대에 가슴에 꾹 꾹 새겨 넣어야 하는 말이다.

예수님의 마음이 부어지는 교회

— 일 년 전쯤 예배 시간이었다. 갑자기 기도 시간에 '예수님의 마음이 어떠실까?'라는 생각이 들었다. 교단과 한국 교회의 리더들, 그리스도인들이 저지른 여러가지 잘못들을 다룬 뉴스들이 연일 쏟아지고 있다. 세상은 조롱하고 있었고, 이제는 교회 다니라고 복음을 전하는 것도 어렵다는 자조섞인 푸념이 들려왔

다. 물론 이런 상황은 과거에도 있었다. 다만 그때와 다른 것은 과거에는 조심스럽게 다뤘다면 이제는 너무나 당연하다는 듯 봇물이 터진 것처럼 쏟아지고 있다는 것이다. 그러나 한국 교회 내부에서는 어떤 대안을 제시하는 사람이 없다. 그저 아무런 대책도 없이 붕괴하는 한국 교회를 바라만 보고 있는 실정이었다.

설교를 마친 후 기도와 찬양을 드리는 데 예수님이 너무나 마음이 아프시겠다는 생각이 밀려와 슬픔을 감당하기가 어려웠다. 숫자가 줄어든다고 아우성치는 교회들, 여기저기서 터지는 교회의 부정과 비리들, 그 문제를 가지고 서로의 이익을 위해 몇 년 동안이나 세상 법정에서 지루하게 진행되는 수많은 소송들, 돈과 여자 문제로 사임을 하는 목회자들, 세상을 시끌벅적하게 만든 성도간의 다툼까지 너무나 많아서 일일이 열거하기도 어렵다. 이런 만신창이가 되어 버린 교회들을 바라보면서 예수님께서 너무나 마음이 아프시지 않을까라는 생각에 소리내어 통곡하며 기도를 했다.

교회를 이끌어가는 것은 누구일까? 당연히 머리되신 예수 그리스도께서 이끌어 가신다. 그렇기 때문에 우리가 예수님의 마음에 민감하게 반응하지 못하고 그 마음과는 전혀 상관없이 교회를 섬기게 된다면 어떻게 될까? 우리도 모르게 예수님이 원하시는 방향과는 정 반대의 방향으로 갈 수도 있다. 베드로에게 내

양을 치라고 말씀하셨던 주님은 우리에게도 주님의 교회를 잘 이끌어달라고 맡기셨다. 그리고 우리에게 끊임없이 말씀하시고 인도하고 싶어 하신다.

그러나 정작 우리는 귀를 막아버리고 어느새 우리가 원하는 방향으로 교회를 이끌고 있다. 그 안에 인간의 욕심과 교만과 연약함, 죄악이 가득 담긴 상태로 말이다. 그래서 교회는 예수님이 원하시는 방향과는 정반대의 모습으로 흘러가기도 하고 새로운 시대에 맞추어 계속해서 주님이 주시는 새로운 전략도 받지 못하며 시대와는 전혀 동떨어진 게토화되어버린 교회를 만들었다.

세상은 이렇게 빠르게 바뀌는데 교회는 왜 그렇게 변화하지 못하는 것일까? 교인들이, 특히 젊은이들이 교회를 떠난다고 아우성치면서 무슨 이유로 새로운 전략을 내놓지 못하고 우왕좌왕만 하는 것일까? 그리스도인들이 모이는 곳이라면서 왜 유독 교회에서 부끄러운 일들이 일어나는 것일까?

성령님과 동행하는 삶을 살지 못하기 때문이다. 사도 바울은 갈라디아서에서 육체의 소욕을 이루지 않으려면 성령을 좇아 행하라고 했는데 우리는 성령을 좇아 행하고 살고 있는가?

과연 좇아 행한다는 것이 무엇인가? '좇아'의 원어의 뜻은 사냥개가 먹이를 향해 달려가는 질주의 의미가 있다. 우리는 하루를 살면서 얼마나 많이 성령님과 동행하는 삶을 살고 있을까? 성령님과 동행하지 않는데 어떻게 예수님의 마음을 받을 수 있을까?

우리 모두는 교회의 머리되신 예수님께 집중해야 한다. 쉬지 말고 기도하며 우리의 영혼이 늘 주님을 바라보아야 한다. 무시로 성령 안에서 기도하며 주님의 음성에 귀 기울여야 한다. 성령으로 기도하며 성령님과 동행해야 한다. 성경을 통하여 말씀하시는 하나님의 음성을 들을 수 있어야 한다. 문을 두드리며 기다리시는 주님에게 문을 활짝 열어 드려야 한다.

그리고 주님과 하나가 될 때 우리는 많은 열매를 맺게 될 것이다. 열매 맺지 못하는 가지는 하나님께서 제거해 버리신다고 하셨다. 이 땅에 완벽한 교회는 없다. 그리고 주님은 그런 이 땅의 모든 교회를 사랑하신다. 그러나 시대에 쓰임 받는 교회, 주님의 마음을 시원하게 해 드리는 교회는 모든 교회가 아닐 것이다. 그 당시 예배시간에 드렸던 기도를 지금도 가끔 예배의 기도 시간에 울면서 드린다.

"예수님, 답답하시고 마음 아프시고 힘드시면, 우리들에게 오세요. 저희들에게 오세요. 우리들이 예수님과 함께 울께요. 답답하신 예수님의 이야기 들어 드릴께요. 힘드실 때 혼자 계시지 마세요. 한국 교회 보면서 마음 아프실 때, 혼자 우시지 마세요. 저희들에게로 오세요."

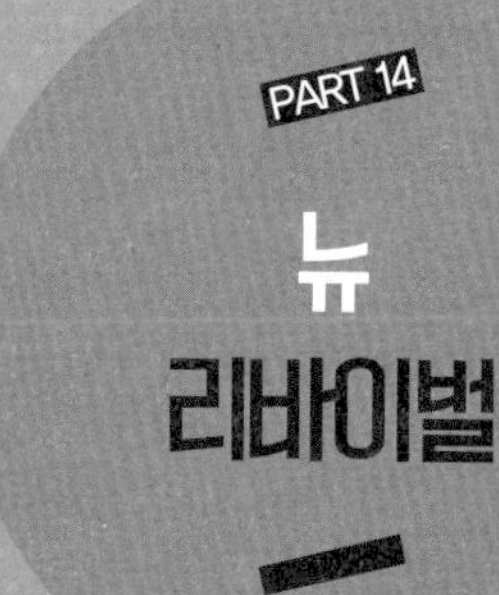

PART 14

뉴 리바이벌

골든타임

— 한국 교회는 스스로의 미래를 어떻게 보고 있을가? 한 기독교 매체가 미래학자인 최윤식 박사를 만나 '한국 교회의 어제, 오늘, 그리고 내일'이라는 주제로 인터뷰를 한 기사를 인상깊게 읽은 적이 있다. 기사는 다음과 같다.

> "지난 120년 동안 한국 교회는 수많은 위기를 겪었으며 그 위기를 잘 이겨냈지만 앞으로 닥칠 위기는 수준이 다르다"면서 "시간이 지나면 지날수록 위기는 커지고 한국 교회 침몰은 가속화 될 것"이라고 전했다.
>
> 이에 대한 그의 해법은 '용기'였다. "한국 교회는 이미 그 해결책을 알고 있지만 처음부터 다시 시작되어야 한다는 두려움을 이겨내지 못하고 있다"는 그는 "하나님이 한국 교회에 주신 마지막 골든 타임은 앞으로 짧게는 2~3년, 길게는 10년이며 앞으로의 2~3년이 미래 방향을 바꾸는 첫 단추가 될 것"이라고 덧붙였다.
>
> 이어 그는 "향후 5년 이내에 교회의 첫 번째 위기가 닥칠 것"이라면서 한국 교회가 폭발적인 성장을 이루면서 쌓아온 양적인 성장과 부를 잃게 될 것이라고 말했다. 2008년 서브프라임 모기지 사태에 이어 향후 2-3년 후에 두 번째 재정위기인 한국판 금융위기, 그리

고 2028년 세 번째 재정 위기를 겪으면서 한국 교회 헌금은 절반으로 줄어들 가능성이 크다는 것. 특히 그는 2~3년 후 겪을 금융위기의 후유증이 꽤 오래 갈 것이라고 전망했다.

"10년 이내에 한국 교회가 하나님이 원하시는 교회의 모습을 회복하지 못하면 교회 절반이 사라지게 되는 위기가 닥칠 것"이라는 최 박사는 "용기란 무엇을 하는 것이 아니라 무엇을 내려놓느냐는 것"이라면서 성경이 말하는 회복의 근본 해법 3가지를 제안했다. 그는 "세상과 타협하지 않는 메시지 선포, 사랑의 수고로 하나님 사랑을 증명하는 것, 시대가 원하는 시대적 요청에 부응할 것을 요청했다"12)

한국 교회의 아픈 모습을 분명하고 용기 있게 전한 최윤식 박사의 글에 많은 사람들이 동의하고 있다. 그 골든타임이 우리에게 많은 중요한 점을 시사한다.

나는 2007년에 넘치는교회를 개척하고 지금까지 교회를 섬기면서 하나님께서 우리 교회를 약간 독특하게 이끌어 오셨다고 생각한다. 예배의 시작시간은 알아도 끝나는 시간은 아무도 모르는 교회, 시계를 가린채 6-7시간은 드리는 예배. 예배의 형식

12) "한국 교회의 어제, 오늘, 그리고 내일", 〈기독공보〉 2015년 4월 9일.

도 독특하다. 어떤 교회도 상상하지 못하는 과격한 모습까지, 분명 주변에서 쉽게 볼 수 있는 흔한 교회는 아니다.

그러나 더욱이 이 모든 것에는 하나님이 계신다. 내가 결코 디자인한 것이 아니라는 것이다. 세밀한 모든 것까지 하나님께서 인도해 주신 결과다.

교인들도 여느 교회와는 다르다. 우리 교회는 지역 교회의 개념이 별로 없다. 교회가 있는 지역에서 출석하는 것이 아니라 넓은 경기권에서 모인다.

우리 교회가 처음 개척한 곳은 경기도 분당이었다. 그리고 2년 후에는 서울의 문래동으로 이전했다. 이전에 있던 곳과는 꽤 먼 곳이라 당시 어느 목사님은 내게 "그렇게 멀리 이사하는데도 교인들이 따라오느냐?"면서 의아해 하기도 했다. 교인들이 교회가 위치했던 분당 지역에 주민이 아니기에 교회가 어디로 옮기든 전혀 문제될 것이 없었다. 그렇게 서울 문래동에서 4년을 있었고, 다음에는 의정부에 있는 한 대학 강당, 그리고 지금 위치한 서초동까지 마치 유목민처럼 교회는 여기 저기를 옮겨 다녔다.

수년 전 우리 교회를 방문한 국제 YWAM의 젊은 리더인 앤디 버드는 이런 말을 했다. "넘치는교회는 마치 '촉매제'와 같은 교회같다"

나도 그의 말에 공감했다. 지난 8년 반의 시간을 돌이켜 보면 넘치는 교회는 그저 전통적인 지역 교회로 부르심 받지 않았다는 것을 깨닫는다. 교회를 개척해 지금까지 오는 동안 넘치는교회 자체를 위해서라기 보다 한국 교회를 위해 한 걸음씩 달려왔다. 넘치는교회의 부흥을 위해 기도한 것이 아니라 한국 교회와 다음 세대를 뜰어안고 기도했다. 누가 시켜서가 아니라 그게 넘치는교회를 향한 하나님의 부르심이었기 때문이다.

그래서 앞서 '골든 타임'을 언급한 최윤식 박사의 말은 내게 아주 절절하게 다가왔다. 뉴 리바이벌이라는 하나님의 마음을 받기 전까지 7년 동안 한국 교회가 붕괴되는 모습, 하루에도 수십 명씩 목숨을 끊는 다음 세대를 바라보면서 애통함으로 눈물을 흘렸다.

진짜 골든 타임의 순간이다. 앞으로 다가올 수년이 한국 교회의 큰 방향을 결정할 것이다. 아직까지는 너무나 어두운 방향으로 그 흐름이 흘러가고 있지만 앞으로의 주어질 수년 동안 우리가 깨어 기도하고 애쓴다면 절망적인 흐름을 희망의 소리로 바꿀 수 있을 것이다.

우리는 작고 비본질적인 것으로 분열하지 말고 연합하여 함께 기도하고 행동해야 한다. 한국 교회를 위한 미스바의 기도가 진정으로 필요하다. 물론 이는 한국 교회의 문제만은 아닐 것이다. 나는 한국 교회가 절망할 필요는 없다고 외치고 싶다. 분명 어려움은 올테지만 하나님은 여전히 한국 교회를 하나님의 마지막 때에 멋지게 사용하실 것을 믿는다. 그것이 우리를 향하신 변함 없는 하나님의 계획임을 말하고 싶다.

> "여호와의 말씀이니라 너희를 향한 나의 생각을 내가 아나니 평안이요 재앙이 아니니라 너희에게 미래와 희망을 주는 것이니라." (렘 29:11)

만렙에게 지지를!

'만렙'이란 말이 있다. 네이버에서 검색하면 '하나의 게임에서 최고의 레벨을 뜻하는 말'이라고 나온다. 조금 자세히 설명하자면 온라인 게임에서 사용하는 캐릭터의 레벨이 한계점에 이른 것으로 한 마디로 게임을 하는 아이들에게는 최고의 선망이 되는 레벨이다.

내가 사역하는 넘치는교회의 연령대를 살펴보면 90% 이상이 청년들이다. 아마 어린아이를 포함시킨다면 아마도 97%까지 높아질지도 모른다. 주위에서 쉽게 볼 수 없는 한마디로 비정상적인 교회인 셈이다.

어느 날 예배를 드리면서 기도 시간에 문득 그런 생각이 들었다. 왜 우리 교회에는 흔히 말하는 교수, 검사, 의사, 변호사 같은 소위 세상에서 잘 나가는 사람들이 단 한 명도 없을까? 그대신 넘치는교회에는 어렵고 힘든 청년들이 상당히 많다. 어려운 시대를 고통 속에서 힘들게 이겨내는 청년들을 보며 "너희들이야말로 하나님께서 사용하기에 제일 좋은 아이들이야"라는 생각을 했다.

그러던 어느 날이었다. 친분이 있는 목회자로부터 재미있는 이야기를 들었다. 예배를 전공한 음악 전문가들이 해외에서 모임을 가졌다고 한다. 그런데 그 자리에 한번도 정식적인 음악 교육을 받은 적이 없는 우리 나이로 겨우 14살에 불과한 현지인 아이가 찾아와 자기가 만든 음악을 들려주었다. 키보드, 베이스, 기타 등의 악기들을 다루는 방법은 유튜브를 보면서 혼자 익혔다고 했다. 그 분은 대수롭지 않게 여기고 화장실을 다녀왔더니 음악을 들은 전문가들의 반응이 충격적이었다. 자신은 외국의 유명한 음악 학교에서 10년 넘게 전공하면서 공부한 내용을 정식으로 음악을 배운 적도 없는 불과 14살의 어린아이가 하고 있었기 때문이다. 자신의 실력으로는 절대 근접할 수 없는 상상할 수 없는 음악을 하고 있는 아이에게 엄청난 충격을 받았다고 한다. 나는 그 이야기를 듣는 순간 '아이들이야말로 하나님이 마지막 때를 위해 준비한 선물이구나!'라는 마음이 들었다.

비슷한 충격은 또 한 번 있었다. 2016년 4월 무렵의 일이다. 2년 전부터 우리 교회에 나오기 시작한 20대 초반의 청년이 내게 상담을 요청해 강남의 한 카페에서 만남을 가졌다.

그와 만나서 들은 이야기는 충격적이었다. 그 청년은 우리 교회에 나오기 전부터 한 모임을 통해 안티 기독교 활동을 해왔다고 했다. 그런데 우리 교회를 다니고 예수님을 영접하게 됐다. 그 사이 우리 교회는 선교적 교회로 전환할 무렵이었다. 그 청년은 지난 예수님을 믿은 후 2년 동안 성경 읽기, 예배를 통한 하나님과의 인격적인 만남이 너무나 놀랍고 은혜로웠다고 고백했다. 그리고 새롭게 준비하는 모임을 위해 전략적으로 계획을 세우고 준비하고 있다는 이야기를 내게 전해줬다.

나는 너무나 큰 충격을 받았다. 그도그럴것이 나는 평소에 그 또래의 청년들을 그냥 겉멋든 아이들로 판단했고, 저 아이들이 과연 무엇을 제대로 할 수 있을까? 리더를 시키려면 아직 한참 더 시간이 필요하겠다라고 생각하던 터였다. 그런데 그 아이들이 내 생각을 훌쩍 뛰어 넘을만큼 성장해 있었다. 앞서 말한 14살짜리의 음악을 듣고 충격받았던 음악 전문가들처럼 나도 충격을 받았다.

우리 아비 세대들은 다음 세대에 대해서 몰라도 한참을 모른다. 우리는 늘 그들을 어리고 약하다고 판단하고 의심쩍은 시선을 보낸다. '저 아이들이 과연 무엇을 할 수 있을까? 저 아이들이 한국 교회의 미래라고? 의지력도 없고 항상 게임과 스마트폰에 중독된 저 아이들에게 하나님 나라의 미래가 달렸다고?'라고 말이다.

물론 다음 세대가 아직은 약하고 부족한 것은 사실이다. 그러나 분명한 것은 아비 세대가 좋든 싫든 그들이 한국 교회의 미래이자 희망이라는 것이다. 하나님은 그들을 보실 때 절대 우리의 눈으로 보지 않으신다. 그리고 그들에게 능력을 부어주고 계시다. 나는 앞의 두 이야기를 통해 하나님께서 왜 다음 세대가 새로운 부흥을 이루어 갈 것이라고 말씀하셨는지 깨달았다.

말라기 선지자는 아비의 마음이 자녀에게, 자녀의 마음이 아비에게로 향해야 하며 그렇지 않으면 화가 미칠 것이라고 말씀한다. 나는 오래전부터 이 구절을 마음에 담아두고 계속해서 하나님께서 주시는 마음을 받고 있다. 이번 일을 통해서 깨달은 것은 아비 세대가 자녀세대들의 가능성과 잠재력을 인정하고 충분히 지지해 줘야 한다는 것이다. 아비에게 아들은 늘 어리고 부족해보인다. 설령 아비가 90대이며, 아들이 70대의 노인이라고 할지라도 말이다. 아비 세대는 고정관념을 뛰어넘어야 한다. 아비 세대가 상상도 할 수 없는 것을 자녀 세대들은 해낼 수 있다. 먼저 아비의 마음이 자녀를 지지하고 격려할 때 그들 안에 있는 하나님이 주신 멋진 달란트들이 꽃 피우게 될 것이다.

오늘도 '만렙'을 위해 열심히 게임을 하는 우리의 자녀 세대들, 이들이 우리의 희망이며 미래다. 이들에게 아비 세대의 전폭적인 지지와 격려, 사랑을 보내자!

> "그가 아버지의 마음을 자녀에게로 돌이키게 하고 자녀들의 마음을 그들의 아버지에게로 돌이키게 하리라 돌이키지 아니하면 두렵건대 내가 와서 저주로 그 땅을 칠까 하노라 하시니라" (말 4:6)

일어나라! 100만, 라이프스타일 미셔너리

— 지금은 아주 비범함이 필요한 때다. 악은 아주 교모하게 세상을 어둡게 만들고 있고 참된 그리스도인으로 제대로 살아가려면 왠만큼 마음을 단단히 먹고 관리하지 않고서는 어려운 대가 됐다. 세상은 하루가 다르게 변하고 있다. 날로 발전하는 IT기술로 과거에는 상상하지도 못했던 세상이 이제 우리 앞에 펼쳐질 것이다. 마지막 때를 이야기하는 것은 교회만이 아니다. 세상적인 관점에서도 마지막 때를 말하고 있다. 이렇게 마지막 때를 향

한 준비가 필요할 때 하나님은 교회를 향해 특별한 것을 준비하고 계신다. 이 시기가 특별히 중요한 이유는 한국 교회가 130년 전 복음이 들어온 이래로 폭발적인 부흥을 경험했지만 현재는 급격한 몰락의 길을 향해 걷고 있기 때문이다. 앞으로 선교지로 바뀌어버린 유럽의 교회와 같은 길을 가게 될 것인지? 아니면 다시한번 반전의 시기를 통해 다시한번 하나님 앞으로 돌아올 것인지 세계의 교회가 우리를 주목하고 있다.

나는 이 시점에서 필요한 것이 뉴 리바이벌, 새로운 부흥을 사모하는 마음이라고 믿는다. 이것이 한국 교회를 위해 특별히 준비한 하나님의 계획이심이라고 생각한다. 지난 과거의 부흥에서 어떤 힌트를 얻고자 하는 것이 아니라 오직 하나님의 마음만 바라보고 다윗, 여호수아가 품었던 담대한 마음과 바울이 살았던 과격한 헌신이 우리에게 필요하다.

이런 중요한 시즌 하나님의 전략인 뉴 리바이벌을 이룰 수 있는 길이 있다면 나는 그것이 바로 '라이프스타일 미셔너리'를 통해서라고 생각한다. 자기가 있는 보통의 삶의 현장에서 선교사적 삶을 살아가는 것. 일상적이지만 절대 일상적이지 않은 비범한 삶이 바로 라이프스타일 미셔너리이다. 이제 모든 땅이 선교지가 되어 버리는 마지막 때에 반드시 필요한 전략이다. 땅 끝까지 선교를 나가는 선교사도 계속해서 필요하지만 그들을 후원하고 그것으로 만족해하는 것으로 끝나는 것이 아니라 우리도 역시 우리가 후원하며 기도하는 선교사와 똑같은 삶을 우리의 가정, 학교, 일터에서 살아내야 한다. 이와 같은 삶의 현장에서 선교사의 삶을 살아내는 선교사들이 각처에서 일어날 때 나는 이 땅에 하나님이 계획하신 새로운 부흥이 임한다는 확신을 갖고 있다.

단순하게 한국 땅을 생각해 보자. 지금도 전철 안에서 '예수 천당, 불신지옥'을 외치며 전도하는 것이 효과적인 전도 방법이라고 생각하는가? 길거리에서 전단지를 나누어주는 사람들과 같이 서서 복음지를 무작위의 사람들에게 나누어주는 전략이 필요하다고 생각하는가? 길가는 어린 아이들이나 어른이나 무조건 지나가는 사람을 붙들고 복음을 전하지 않아서 한국 교회가 부흥이 안 된다고 생각하는가?

아니다! 이제는 시대가 바뀌었다. 한국 사회에서 예수 그리스도와 교회에 대한 이야기를 듣지 못한 사람이 없다. 못 들었기 때문에, 교회에 대해서 한 번도 들어 본적이 없어서 교회를 못가는 것이 아니다. 다 알고 좋은 것 같지만 예수 믿는다는 우리 그리스도인의 연약한 모습에 실망했기 때문에 교회로 나오지 않는 것이다.

이제는 새로운 전략이 필요하다. 모든 연령대의 사람들이 스마트 폰을 들고 다니면서 전 세계를 손바닥 안에 놓고 쳐다보는 시기에 과거와 같은 사고와 방법으로는 한계가 있다. 아니 오히려 역효과가 날 것이다.

그렇기 때문에 삶으로서 선교하는 '라이프스타일 미셔너리'가 일어나야 한다. 우리의 모든 영역과 삶에서 여기 저기 일어나는, 선교사의 삶을 살아가는 사람들을 기대해 보라. 얼마나 멋진 일인가.

나는 새로운 부흥의 주역이 될 다음 세대들이 라이프스타일 미셔너리로 일어나는 것을 기도한다. 100만의 젊은 선교사들이 자신의 삶의 영역인 가정, 학교, 일터에서 일어나는 것을 꿈꿔 본다. 과거와 같이 어떤 카리스마를 가진 인물 한 사람에 의해서가 아니라 작은 불들이 큰 산을 태우듯이 아주 작은 라이프스타일 미셔너리의 불들이 여기저기서 일어나는 것을 기도한다. 100만의 작은 불이 일어나 한국을 태우고 열방을 태우기를 기대해 본다. 그리고 그들이 이루어 갈 새로운 부흥을 함께하며 주님 오실 길을 예비하고 싶다.

주님이 이 땅에 다시 오시는 소리가 들린다. 주의 호령과 천사장의 소리와 나팔소리가 귓가에 멀지 않은 곳으로부터 들리는 듯하다. 우리 함께 이 소리를 들어야 한다. 잠자는 자는 깨어나 주의 음성을 들어야 한다.

> "주께서 호령과 천사장의 소리와 하나님의 나팔 소리로 친히 하늘로부터 강림하시리니 그리스도 안에서 죽은 자들이 먼저 일어나고" (살전 4:16)

한국 교회는 이제 절망감을 털고 일어나 이 골든타임에 새로운 부흥을 준비하여야 한다. 무리는 이제 더 이상 필요 없다. 참된 제자들이 준비되어 일어나야 한다. 100만 라이프스타일 미셔너리를 한국 전역에서 일으켜 세워야 한다. 다시 시작하자. 손에 손을 잡고 모두가 한 마음이 되어 서로 격려하며 한국 교회에 임할 새로운 부흥을 맞이하자.

이루어지는 하나님의 오래된 꿈

> "내가 너로 여자와 원수가 되게 하고 네 후손도 여자의 후손과 원수가 되게 하리니 여자의 후손은 네 머리를 상하게 할 것이요 너는 그의 발꿈치를 상하게 할 것이니라 하시고" (창 3:15)

어찌할 수 없이 죄 지은 인간을 에덴동산에서 쫓아내시고 두루 도는 화염검으로 생명나무의 길을 지키시며 자신의 동생을 돌로 쳐서 죽인 인간을 바라보시면서 이 땅의 회복을 꿈꾸어 오셨던 하나님! 2천 년 전에 죄악으로 가득 찬 이 땅에 독생자 예수 그리스도를 보내어 십자가에서 피 흘리고 죽으심으로 깨어진 관계를 회복하시고 진정한 회복의 길을 준비하신 하나님!

정말로 하나님은 많은 시간을 참으셨다. 이제 하나님의 오래된 꿈이 이루어질 때가 되었다. 이제 우리 모두가 회복된 에덴동산의 삶을 살 때가 얼마 남지 않았다.

우리는 이제 무엇을 꿈꾸어야 하는가? 한국 교회는 지금 무엇을 위해 기도해야 하는가? 어떻게 이 시기를 보내야 하는가? 무엇이 주님의 마음을 기쁘게 해 드리고 오래된 하나님의 꿈을 이루어드리는 삶이 될 것인가?

이제 우리끼리는 그만 싸우자. 참으로 많이 싸웠다. 왜 이리 예수 믿는 사람들끼리 싸우는가? 나와 다른 것을 어찌 그리 수용하고 품어주지 못하는가? 성경이 아닌 왜 나의 신앙과 전통이 같은 형제를 비난하는 도구가 되는가? 어린아이들은 싸우면서 큰다고 하지만 이제는 어린아이로 지낼 때가 아니다. 좀 더 큰 마음을 가져야 한다. 어거스틴이 말한 "본질에는 일치를, 비본질에는 관용을"을 기억하자. 이 정신이 우리 한국 교회에 정말로 필요한 때 인 것 같다.

무리가 아닌 참된 제자가 되어야 한다. 가짜가 아니라 이제는 진짜가 되야 한다. 가짜 믿음, 예배, 목회, 헌금 이제 다 진짜로 회복하자. 시계를 보면서 예배드리지 말자. 주보에서 오후 2시 석양예배 그만 좀 빼자! 예수님을 이기적으로 그만 이용하자! 예수님 마음 그만 아프게 하자! 우리 모두 진짜 예수쟁이 되자!

바로 살자! 세상으로부터 욕 좀 그만 먹자! 안 믿는 사람들이 볼 때에 이제는 교회가 바뀌었구나 하는 소리 좀 듣자! 나쁜 짓 그만하고 착하게 살자! 그러니 성령님을 붙들자! 내 힘이 아닌 주님이 공급하시는 힘으로 살아야지 가능하다! 그래서 이제는 정말로 세상이 감당할 수 없는 그리스도인이 되자!

고통당하는 사람들을 돌아보자! 이제 그만 좀 교회만을 위해 헌금 쓰는 것 중단하자! 바깥으로 우리의 눈을 돌리자! 예수님께서 그러신 것처럼 잃어버린 영혼을 위해서 우리의 마음을 쏟자! 교회의 크기를 키우기 위해서가 아니라 영혼을 구원하기 위해서 말이다! 모두 사랑하고, 격려하고 싶다. 함께 힘을 내자! 새로운 부흥이 이 땅에 다가오고 있다. 하나님의 오래된 꿈이 곧 이루어질 것이다.

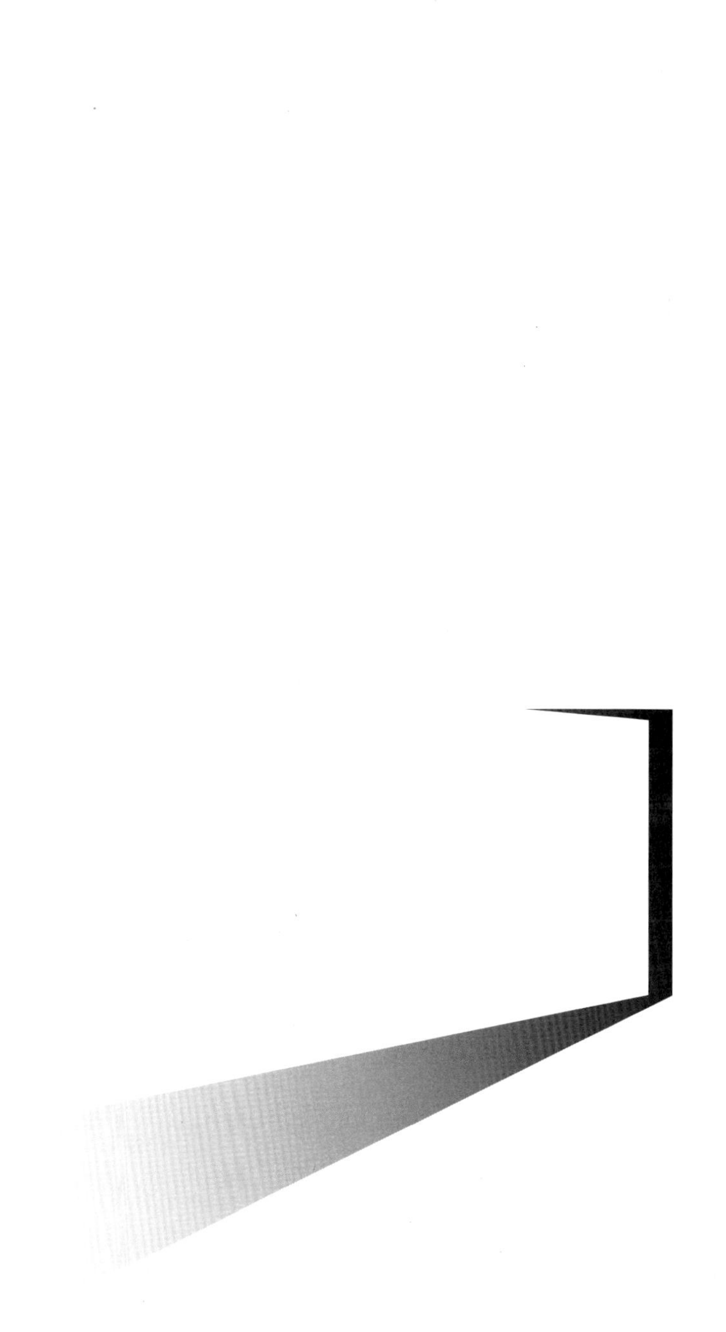

에필로그

“나는 하나님의 부흥을 꿈꾼다”

이 땅의 다음 세대에 관한 암울한 소식을 들을 때마다 내 마음은 너무나 아팠다. 이 시대 청년들이 겪는 암울한 현실과 수없는 영적인 공격에 아파하는 모습을 보면서 목회자로서 자괴감마저 들 때도 있었다.

교회 건물은 커졌지만, 정작 청년들은 교회를 떠나고 있다. 아예 교회학교가 없어진 큰 교회의 이야기는 눈물을 흘리며 기도하지 않을 수 없게 만든다. 이러다가는 우리도 아름다운 건물은 남았지만 텅 빈 유럽의 어느 교회처럼 되는 것은 아닌가하는 걱정이 들기도 했다.

그러던 중, 2년 전 하나님으로부터 새로운 부흥에 대한 감동을 받으면서 역시 우리 하나님은 좋으신 분이라는 탄성을 질렀다.

• • •

하나님의 놀라운 계획 앞에 감사의 눈물을 쏟았다. 지금의 비참한 모습 이대로 한국 교회가 끝나는 것은 아니라는 희망이 나를 너무 기쁘게 했다. 그래서 그 기쁨을 이 땅의 부흥을 위해 눈물로 기도하며 달려왔을 동지들과 함께 나누고 싶었다. 지금의 현실이 너무나 어렵고 힘들지만 실망하지 말고 다시 한 번 힘내자는 뜻에서 이 책을 쓰기로 마음 먹었다.

우리가 주님의 주신 비전을 받았지만 그것을 이루기 위해 힘을 합치고 함께 애쓰지 않는다면 이룰 수 없다. 하나님의 뜻에 합당한 사람에 의해 비전은 이루어지기 때문이다.

부족한 우리의 모습일지라도 채찍질해서라도 고쳐가자. 절망적인 마음을 버리고 희망의 마음으로 서로 힘을 합해 세상을 향

• • •

한 예수님의 사랑을 전하자. 라이프스타일 미셔너리를 통해 이 땅에 하나님께서 예비한 새로운 부흥을 준비하자. 그리고 새로운 부흥을 주도할 젊은이들을 지키자. 그들을 마음껏 지지하고 격려하자. 지금은 비록 부족하지만 그들이 우리 한국 교회의 미래이자 희망이다. 죽어가는 이 땅의 청소년, 청년들을 살려야 한다. 음란과 폭력과 게임 중독으로 사탄의 장난감이 되고 있는 우리의 희망들을 보호하자.

우리를 향한 하나님의 계획을 붙들 수 있는 시간이 얼마 남지 않았다. 함께 용기를 내고 달려가자. 절대 절망하지 말고 하나님을 신뢰하며 뉴 리바이벌을 향해 전진하자.

눈물로 이 땅의 부흥을 이루어온 신앙의 선배들과 지금도 눈

• • •

물로 이 땅의 교회들을 섬기는 신실한 동역자들, 그리고 우리의 미래인 다음세대들에게 하나님의 사랑을 전하고 싶다.

"모두 모두 정말로 사랑합니다. 함께 힘을 내요!"

뉴 리바이벌

지은이 이창호

2016년 7월 7일 1판 1쇄 펴냄

펴낸곳 도서출판 예수전도단
출판 등록 1989년 2월 24일(제2-761호)
주소 경기도 고양시 일산동구 호수로 340-11, 301호 (백석동)
전화 031-901-9812 · **팩스** 031-908-9986
전자우편 publ@ywam.co.kr
홈페이지 www.ywam.co.kr

ISBN 978-89-5536-512-2(03230)
책값은 뒤표지에 있습니다.